Demokratiebildung

herausgegeben von | edited by

Prof. Dr. Elisabeth Richter
Prof. Dr. Rolf Ahlrichs
Prof. Dr. Wibke Riekmann

Band | Volume 2

Rolf Ahlrichs | Stefan Hoffmann

Demokratische Partizipation in der Jugendverbandsarbeit

Nomos

Die Deutsche Nationalbibliothek verzeichnet diese Publikation in der Deutschen Nationalbibliografie; detaillierte bibliografische Daten sind im Internet über http://dnb.d-nb.de abrufbar.

ISBN 978-3-8487-7476-0 (Print)

ISBN 978-3-7489-3262-8 (ePDF)

Onlineversion
Nomos eLibrary

1. Auflage 2022

Vorwort

Das vorliegende Buch dokumentiert die Studie „Demokratiebildung in der Jugendarbeit“, die zwischen Oktober 2020 und Februar 2022 an der Evang. Hochschule Ludwigsburg im Auftrag der Evangelischen Landeskirche in Württemberg durchgeführt wurde. Untersucht wurden die Potenziale dreier Jugendverbände in Baden-Württemberg zur demokratischen Bildung junger Menschen. Wir danken der Evangelischen Landeskirche in Württemberg für den Auftrag zu dieser Studie, die großzügige Unterstützung, die konstruktive Begleitung und den Mut zur kritischen Auseinandersetzung mit den Ergebnissen der Untersuchung auf verschiedenen Ebenen.

Das Buch setzt die von Helmut Richter (2022) im ersten Band der Nomos-Reihe Demokratiebildung entfalteten historischen und systematischen Betrachtungen zur sozialpädagogischen Demokratiebildung im Zuge einer empirischen Studie fort. Im vorliegenden Band werden die theoretischen Ausführungen zur Demokratiebildung bewusst knappgehalten, der Schwerpunkt liegt auf den empirischen Ergebnissen. Für die ausführliche Auseinandersetzung mit den theoretischen Grundlagen einer sozialpädagogischen Demokratiebildung empfehlen wir neben dem ersten Band der Reihe (Richter 2022) auch die diversen Publikationen der Kerngruppe der „Hamburger Schule der Demokratiebildung“ (z.B. Ahlrichs 2019; Maykus 2017; Riekmann 2011; Richter 2019; Richter et al. 2016; Sturzenhecker 2016).

Die Studie wäre nicht möglich gewesen ohne den Einsatz von Alma Ulmer und Robby Höschele vom EJW, Sabine Reinelt von der BUNDjugend und Arne Aerts von der JDAV. Sie haben Wege geebnet und junge Menschen aus den Reihen des eigenen Jugendverbands zur Mitwirkung gewonnen. Diesen jungen Menschen, den Co-Forschenden, gilt unser besonderer Dank. Sie haben sich mit uns auf einen gemeinsamen Bildungsprozess eingelassen, ihre Erfahrungen und Argumente miteinander geteilt und mit uns diskutiert.

Wissenschaftliche Erkenntnisse entstehen nicht einsam am Schreibtisch, sondern im ständigen Diskurs innerhalb des Forschungsteams sowie mit Kolleginnen und Kollegen. Wir danken Benedikt Sturzenhecker, Wibke Riekmann und Elisabeth Richter für Anregungen und Hinweise sowie dem ganzen Team von Nomos für die professionelle Begleitung des gesamten Produktionsprozesses dieses Buches.

Rolf Ahlrichs und Stefan Hoffmann *im April 2022*

Inhaltsverzeichnis

Abbildungsverzeichnis

Abkürzungsverzeichnis

AG	Arbeitsgruppe
BUNDjugend	Jugendverband des BUND
BUND	Bund für Umwelt- und Naturschutz Deutschland e.V.
DAV	Deutscher Alpenverein e. V.
EJW	Evangelisches Jugendwerk in Württemberg
EKD	Evangelische Kirche in Deutschland
JDAV	Jugend des DAV
JA	Jugendausschuss
JV	Jugendvollversammlung
KJB	Kinder- und Jugendbericht
KJHG	Kinder- und Jugendhilfegesetz (SGB VIII)
SGB VIII	Achtes Buch Sozialgesetz
UN-KRK	Kinderrechtskonvention der Vereinten Nationen

1. Einleitung

Die vorliegende Studie richtet ihren Blick auf die demokratische Partizipation in der Jugendverbandsarbeit. Exemplarisch werden drei Jugendverbände in Baden-Württemberg untersucht. Dazu wird mit jungen, ehrenamtlich engagierten Menschen über ihre Erfahrungen mit Demokratie und Partizipation, ihre Erwartungen an den eigenen Jugendverband sowie ihre Perspektiven auf die Mitbestimmung und Mitgestaltung von Angeboten und Gremien der Kinder- und Jugendarbeit diskutiert.

Hintergrund ist das Postulat Oskar Negts, dass Demokratie die einzige Staatsform ist, die gelernt werden muss (Negt 2016). Negt geht dabei von einem Demokratieverständnis aus, das Demokratie nicht nur als Herrschafts- bzw. Regierungsform, sondern vor allem als Lebensform akzentuiert. Damit eine solche demokratische Lebensform gelingt, bedarf es politischer bzw. demokratischer Bildung, die nicht nur Wissen über das bestehende Gesellschaftssystem vermittelt, sondern im Sinne kritischer politischer Bildung (Lösch/Thimmel 2011) dazu befähigt, Gesellschaftsstrukturen infrage zu stellen und Veränderungspotenziale zu nutzen.

In diesem Sinne ist die vorliegende Studie bewusst partizipativ angelegt und dient damit nicht nur der Erforschung der Demokratiebildung in Jugendverbänden, sondern zugleich ihrer Veränderung – und zwar durch konkrete Impulse, die zur Reflexion der eigenen Praxis anregen können. Der Rückfluss der Forschungsergebnisse an die beteiligten Jugendverbände ist bereits Teil des Forschungsprozesses und wird hier dokumentiert. Gleichzeitig kann, so unsere Hoffnung, durch diese Publikation in verstärktem Maße eine Rezeption in der Fachöffentlichkeit angeregt werden.

1.1 Ausgangslage und Fragestellung

Die demokratische Bildung junger Menschen ist in den vergangenen Jahren zunehmend in die öffentliche Aufmerksamkeit gerückt. Nach einer langen Zeit der Ausblendung, auch durch die Kinder- und Jugendarbeit selbst (Richter 2022), erscheint die aktuelle Beschäftigung mit der Demokratiebildung alles andere als zufällig. Angesichts globaler gesellschaftlicher Entwicklungen und damit zusammenhängender Krisen, wie beispielsweise der Klimakrise, einem Angriffskrieg in Europa, der Corona-Pandemie, Flucht und Migration sowie steigender Demokratieskepsis, insbesondere in rechtsorientierten gesellschaftlichen Gruppen (Zick/Küpper/Achour 2021), steht das demokratische System vor enormen Herausforderungen. Diese kommen aus zwei Richtungen:

> „Sich ausbreitende Ideologien, Haltungsbestände und deren Organisierungen unterminieren auf der einen Seite die Grundfesten der Demokratie, indem sie un- und antidemokratische Orientierungen und Aktivitäten entfalten. Auf der anderen Seite mehren sich Anfragen aus den Reihen sozialer Bewegungen, teilweise aber auch von Vertreterinnen und Vertretern des bestehenden politischen Systems selbst, die das existierende demokratische System und das Personal, das dieses entscheidend verantwortet, in seiner Glaubwürdigkeit und Funktionsweise in Zweifel ziehen." (Deutscher Bundestag 2020, S. 85)

Auch wenn Demokratiebildung selbstverständlich kein Allheilmittel gegen aktuelle Krisen darstellt, wird doch deutlich, dass das Interesse an politischer bzw. demokratischer Bildung wächst. Es geht dabei auch um die Vermittlung einer demokratischen Grundhaltung sowie von Verfahren demokratischer Meinungsbildung und Entscheidungsfindung. Besonders demokratische, lebensweltliche Erfahrungen im Alltag von Kindern und Jugendlichen und die Förderung von Partizipation und Teilhabe sind dafür prädestiniert. Denn es gilt die Annahme: „Wer sich einbringen und mitgestalten und die demokratischen Spielregeln kennenlernen und wertschätzen konnte, wird sich mit den Prinzipien einer demokratischen Gesellschaft identifizieren" (Deutscher Bundestag 2017, S. 426). In diesem Zusammenhang rückt die Kinder- und Jugendarbeit in den Fokus, da sie die Möglichkeit zu demokratischen Aushandlungsprozessen unter grundsätzlich Gleichen eröffnet und mit ihren strukturellen Prinzipien, etwa dem demokratischen Ehrenamt oder der Freiwilligkeit, die Übernahme von Verantwortung für die Gemeinschaft ermöglicht.

> „Sie [die Kinder- und Jugendarbeit, d. Verf.] stellt in diesem Sinne auch einen ganz grundlegenden Ermöglichungsraum dar, Demokratie zu erfahren und zu leben und sich in der Folge für die eigenen Interessen und auch die Interessen Dritter einzusetzen. Jugendlichen werden in der Kinder- und Jugendarbeit vielfältige Gelegenheiten und Räume eröffnet, ihre Positionen gemeinsam zu entwickeln, auszutauschen, zu diskutieren und zu reflektieren. Damit kann sie – anders und wirksamer als die herkömmliche Schule – politische Bildung und damit verbundene Handlungsoptionen konkret erfahrbar und erlebbar machen." (Deutscher Bundestag 2017, S. 481)

Diesem Potenzial der Kinder- und Jugendarbeit stehen empirische Ergebnisse gegenüber, die darauf hindeuten, dass Jugendverbände sich ihrer eigenen Potenziale kaum bewusst sind bzw. dass das Potenzial durch verbandliche und gesellschaftliche Entwicklungen eingeschränkt wird (Ahlrichs 2019; Riekmann 2011). Gleichzeitig wird immer wieder auf die sehr überschaubare Forschungslage zur Demokratiebildung in der Kinder- und Jugendarbeit hingewiesen (Deutscher Bundestag 2020, S. 385; Sturzenhecker 2014). Insbesondere fehlt es an Studien, die die Erfahrungen junger Menschen mit der Demokratie im Jugendverband untersuchen. Vor diesem Hintergrund widmet sich die vorliegende Studie folgenden Forschungsfragen:

1. Wo und wie eignen sich junge Menschen Partizipation und Demokratie in „ihrem" Jugendverband an?
   a. Wie gestalten junge Menschen Partizipation und Demokratie in den Gremien, an denen sie teilnehmen? Welche Formen demokratischer Mitbestimmung werden dort „eingeübt"?
   b. Wie gestalten junge Menschen informelle Aushandlungsprozesse in ihrem Jugendverband (Gruppen- und Projektebene)? Wie demokratisch wird dort miteinander umgegangen?
   c. Wie erleben junge Menschen die Bildungsangebote in ihrem Jugendverband? Welche Rolle spielen Demokratie und Partizipation? Welche Werte spielen eine Rolle? Wie werden diese vermittelt?
2. Bei welchen Themen wünschen sich junge Menschen mehr Mitbestimmung? Wie müsste diese Mitbestimmung gestaltet werden?
3. Wie unterscheidet sich die demokratische Erfahrung im Jugendverband von Erfahrungen in anderen gesellschaftlichen Bildungsinstitutionen (Familie, Schule, Medien etc.)?
4. Inwiefern beeinflusst die demokratische Erfahrung im Jugendverband die Sicht junger Menschen auf Zivilgesellschaft und Politik? Inwiefern eröffnet die demokratische Erfahrung im Jugendverband Wege zu zivilgesellschaftlichen Aktionsformen (z.B. für Klimaschutz oder gegen Rassismus)?

1.2 Aufbau der Studie

Diese Forschungsfragen sind die Grundlage einer empirischen Studie in drei Jugendverbänden in Baden-Württemberg. Die im Rahmen der Studie mit jungen Menschen geführten Gruppendiskussionen beruhen auf theoretischen Grundlagen, die im Folgenden zunächst expliziert werden. So widmen wir uns in einem ersten Schritt dem hier untersuchten sozialpädagogischen Handlungsfeld, der Jugendverbandsarbeit (Kap. 2.1). Wir gehen dabei vom gesetzlichen Auftrag aus, wie er vor allem im Achten Sozialgesetzbuch (SGB VIII) ausgeführt wird. Dieses Gesetz beruht ganz wesentlich auf dem Anspruch, Kinder und Jugendliche an Entscheidungen, die ihr eigenes Leben betreffen, zu beteiligen. In einem zweiten Schritt widmen wir uns dem Partizipationsbegriff (Kap. 2.2). Partizipation ist nicht gleichzusetzen mit Demokratie, auch wenn sie als wichtige Vorstufe gelten kann. Wir schließen an die u.a. von Jürgen Habermas entfaltete deliberative Demokratie an und legen damit einen bestimmten partizipativen und keinen beliebigen Demokratiebegriff zugrunde (Kap. 2.3). Davon ausgehend kann sodann im Sinne des eingangs zitierten Postulats von Oskar Negt das Verständnis einer lebensweltlichen Demokratiebildung eingeführt werden (Kap. 2.4). Wir nehmen dabei Bezug auf John Deweys Verständnis einer erfahrungsbasierten Demokratiebildung, was uns schließlich unter Rückgriff auf Benjamin Barber zur Präzisierung einer demokratischen Partizipation und zum Begriff der Selbstwirksamkeit führt (Kap. 2.5).

Partizipation bestimmt auch das methodische Vorgehen dieser Studie. Im folgenden Kapitel sichten wir zunächst den Forschungsstand (Kap. 3.1), bevor wir die Studie in Ansätze partizipativer Forschung einordnen und die Handlungspausenforschung darstellen. Davon ausgehend schildern wir die methodische Vorgehensweise (Kap. 3.2). Das Sample der Studie bedarf der Begründung, auch um die Übertragbarkeit der Ergebnisse auf andere Jugendverbände zu prüfen (Kap.3.3). Abschließend erfolgt die ausführliche Vorstellung der beteiligten Jugendverbände (Kap. 3.4).

Das Herzstück des Bandes bildet die Darstellung der Ergebnisse der durchgeführten Studie. Wir führen zunächst die Ergebnisse verschiedener Gruppendiskussionen für die drei Jugendverbände separat aus, sie werden als unterschiedliche Profile der Demokratiebildung (Kap. 4.1) vorgestellt. Diese Profile können für den Abgleich mit der Situation in anderen Jugendverbänden dienen. Ein zweiter Auswertungsschritt führt über die Zusammenführung und Verdichtung von Ergebnissen zu zehn Thesen zur Demokratiebildung in Jugendverbänden (Kap. 4.2). Diese vorläufigen Thesen wurden mit den beteiligten jungen Menschen diskutiert, um partizipativ eine argumentative Validierung zu vollziehen, ggf. Missverständnisse aufzuklären, Korrekturen vorzunehmen und eine Erkenntniserweiterung durch den Einbezug der Co-Forschenden in die Auswertung zu erreichen. Daraus entstanden letztlich zehn finale Thesen, die die Kernergebnisse der Studie komprimiert darstellen (Kap. 4.3). Den Abschluss des Kapitels bildet ein Blick auf den aktuellen Stand des Transfers der Ergebnisse in die Praxis, also vor allem in die drei beteiligten Jugendverbände (Kap. 4.4).

Im Schlusskapitel dieses Buches formulieren wir Handlungsempfehlungen, die sich an die Jugendverbandsarbeit insgesamt richten (Kap. 5.1). Damit möchten wir den Fachdiskurs anregen und zur Weiterentwicklung der Jugendverbandsarbeit beitragen. Zudem markieren wir offene Fragen, die in weiteren Forschungsprojekten aufgegriffen werden könnten, und methodologische Schlussfolgerungen für die partizipative Forschung (Kap. 5.2). Einige Schlussbemerkungen runden das vorliegende Buch ab (Kap. 6).

2. Theoretische Grundlagen

Im Folgenden werden zunächst die der Studie zugrundliegenden gesellschaftstheoretischen und sozialpädagogischen Grundlagen erörtert. Dazu stellen wir eingangs die Strukturprinzipien, gesetzlichen Aufgaben und Abgrenzungen des untersuchten Handlungsfeldes, der Jugendverbandsarbeit, dar (Kap. 2.1). Diese unterliegt in besonderer Weise dem Partizipationsanspruch des Kinder- und Jugendhilfegesetzes (SGB VIII). Deshalb widmen sich die daran anschließenden Ausführungen dem Partizipationsbegriff, der schließlich als demokratische Partizipation für die Jugendverbandsarbeit konkretisiert wird (Kap. 2.2). Damit ist zugleich die Frage gestellt, was in dieser Studie unter Demokratie verstanden wird. Wir greifen zurück auf die deliberative Demokratietheorie von Jürgen Habermas (Kap. 2.3). Ausgestattet mit diesen theoretischen Grundlagen können wir sodann Demokratiebildung als Auftrag der Jugendverbandsarbeit herausarbeiten und operationalisieren (Kap. 2.4). Dies führt uns zum Begriff der (politischen) Selbstwirksamkeit, der abschließend betrachtet wird (Kap. 2.5).

2.1 Jugendverbandsarbeit

Die Jugendverbandsarbeit ist ein Teilbereich der Kinder- und Jugendarbeit. Diese soll gemäß Kinder- und Jugendhilfegesetz (KJHG) „an den Interessen junger Menschen anknüpfen und von ihnen mitbestimmt und mitgestaltet werden, sie zur Selbstbestimmung befähigen und zu gesellschaftlicher Mitverantwortung und zu sozialem Engagement anregen und hinführen" (§ 11, Abs. 1 SGB VIII). Damit definiert der Gesetzgeber Selbstbestimmung und Mitverantwortung von Kindern und Jugendlichen als „konstitutiv" (Münder/Meyen/Trenczek 2013, S. 197) für die Kinder- und Jugendarbeit. Ihre Aufgabe ist also die „Erziehung zu Selbstbestimmung, gesellschaftlicher Verantwortung und sozialem Engagement – und zwar durch Mitbestimmung und Mitgestaltung der Angebote" (Ahlrichs 2019, S. 25). Auch wenn der Begriff der Demokratie hier nicht explizit auftaucht, ist implizit von einem doppelten Bildungsauftrag auszugehen: Kinder und Jugendliche sollen zu demokratischer Mitbestimmung und Mitverantwortung in der Kinder- und Jugendarbeit selbst und darüber hinaus in der Gesellschaft befähigt werden (Sturzenhecker/Richter 2012, S. 469).

Dabei ist die Kinder- und Jugendarbeit jedoch ein sehr heterogenes Feld (Deutscher Bundestag 2017, S. 366): zu ihr zählen neben der offenen Kinder- und Jugendarbeit (Jugendzentren, Freizeitheime usw.) auch die internationale (Kinder- und) Jugendarbeit bzw. Jugendbegegnungen, die Kinder- und Jugenderholung, mobile (Kinder- und) Jugendarbeit, kulturelle Kinder- und Jugendbildung und eben die verbandliche Kinder- und Jugendarbeit. Letztere wird im KJHG aus dem gesamten Bereich der Kinder- und Jugendarbeit durch die Beschreibung ihrer Merkmale in einem eigenen Paragrafen hervorgehoben:

> „In Jugendverbänden und Jugendgruppen wird Jugendarbeit von jungen Menschen selbst organisiert, gemeinschaftlich gestaltet und mitverantwortet. Ihre Arbeit ist auf Dauer angelegt und in der Regel auf die eigenen Mitglieder ausgerichtet, sie kann sich aber auch an junge Menschen wenden, die nicht Mitglieder sind. Durch Jugendverbände und ihre Zusammenschlüsse werden Anliegen und Interessen junger Menschen zum Ausdruck gebracht und vertreten." (§ 12, Abs. 2 SGB VIII)

Zu den in § 11 SGB VIII formulierten Zielen sind hier die Kennzeichen von Jugendverbänden rechtlich klar geregelt: Selbstorganisation, gemeinschaftliche Gestaltung, Mitverantwortung, Dauerhaftigkeit, Mitgliedschaft und Interessenvertretung. Als Zielgruppe sind junge Menschen genannt, also alle bis 27 Jahre (§ 7, Abs. 1 SGB VIII). Die Besonderheit der Jugendverbandsarbeit im Feld der Kinder- und Jugendarbeit ist ihre überwiegend ehrenamtliche Leitungsstruktur, die vereinsmäßige Organisation und ihre Mitgliederorientierung. Aus dieser vereinsmäßigen Organisationsstruktur resultieren die besonderen Potenziale der Jugendverbandsarbeit für die Demokratiebildung. Daher ist zunächst ein Blick auf die Vereinsprinzipien zu richten.

2.1.1 Vereinsprinzipien

Im KJHG fehlt eine Definition des Vereins- bzw. Verbandsbegriffes. Diese findet sich im Vereinsgesetz: „Verein im Sinne dieses Gesetzes ist ohne Rücksicht auf die Rechtsform jede Vereinigung, zu der sich eine Mehrheit natürlicher oder juristischer Personen für längere Zeit zu einem gemeinsamen Zweck freiwillig zusammengeschlossen und einer organisierten Willensbildung unterworfen hat" (§ 2, Abs. 1 VereinsG). Bühler, Kanitz und Siewert konkretisieren diese Bestimmung, indem sie den Verein definieren als „eine soziale Gruppe (bzw. Organisation), die sich anhand der freiwilligen, formalen, nicht ausschließenden Mitgliedschaft abgrenzt, ein gemeinsames Vereinsziel und Mitgliederhandeln aufweist, sich lokal begrenzt und dauerhaft angelegt sein soll" (1978, S. 43). In einer Anmerkung wird diese Vereinsdefinition noch um das Kriterium des Öffentlichkeitsbezugs ergänzt (ebd., Anm. 2). Agricola (1997, S. 17) bestimmt als Kennzeichen des Vereins in ähnlicher Weise Freiwilligkeit, demokratische Organisationsstrukturen, die Möglichkeit der Mitglieder ihre Interessen einzubringen und gemeinsame Ziele auszuhandeln sowie die ehrenamtliche Führung und die Autonomie, d.h. die Unabhängigkeit von Nicht-Mitgliedern.

Diese Vereinsprinzipien sind grundlegend für die Demokratiebildung in der Jugendverbandsarbeit. Sie gewährleisten die Erfahrung demokratischer Praxis und die Aneignung der Demokratie als Lebensform (vgl. zum Folgenden Ahlrichs 2020; Richter et al. 2016; Riekmann 2020) und werden nachfolgend unter diesem Fokus betrachtet:

Die *Freiwilligkeit* der Teilnahme ist das zentrale Kennzeichen der Kinder- und Jugendarbeit insgesamt. Pädagogische Ziele und Inhalte können in Jugendverbänden – im Unterschied zur Schule – nicht von Erwachsenen durchgesetzt werden. Da Jugendliche freiwillig teilnehmen, können sie sich prinzipiell auch gegen eine Teilnahme entscheiden. Daher müssen Inhalte und Ziele an den Interessen von Kindern und Jugendlichen ansetzen und mit ihnen ausgehandelt werden. In solchen Aushandlungsprozessen liegt ein zentrales Potenzial für die Demokratiebildung.

Für die Jugendverbandsarbeit kommt das Prinzip der *Mitgliedschaft* hinzu. Als Vereinsmitglieder gehen Kinder und Jugendliche eine Bindung ein, die Rechte und Pflichten mit sich bringt. Aufgrund ihrer satzungsmäßigen Mitbestimmungsrechte können sie auf Entscheidungen, die das gemeinsame Vereinsleben betreffen, Einfluss nehmen. Sie sind aber gleichzeitig auch von diesen Entscheidungen betroffen, können sich nicht entziehen. Die Mitgliedschaft ist somit Grundlage für die der deliberativen Demokratietheorie (vgl. Kap. 2.3) zugrunde liegende Einheit von Urheber:innen und Adressat:innen demokratischer Entscheidungen. Auch Nicht-Mitglieder, die an Angeboten des Jugendverbands teilnehmen (z.B. Freizeiten), unterliegen grundsätzlich dem Prinzip der Beteiligung und sind Teil der „kleinen Gemeinschaft", des *demos*, in dem sie unterwegs sind. Nur haben sie als Nicht-Mitglieder keine strukturell abgesicherten Mitbestimmungsrechte im Verein.

Die Entscheidungsfindung selbst unterscheidet sich grundlegend zwischen Vereinen und Verbänden und anderen Sozialisationsorten, etwa der Schule oder der Familie. Die *demokratische Organisationsstruktur* gewährleistet einerseits die gleichberechtigte Teilnahme an Entscheidungsverfahren, sie bietet andererseits ein besonderes Bildungspotenzial, indem Parallelen zum parlamentarischen Regierungssystem gezogen und Erfahrungen repräsentativer Demokratie reflektiert werden können.

Das *Ehrenamt* steht in demokratisch strukturierten Vereinen für die Bereitschaft, sich demokratisch und solidarisch für andere zu engagieren. Da Ehrenämter nicht allzu stark mit Machbefugnissen ausgestattet sind und immer auch wieder entzogen werden können, ist hier ein besonderes Potenzial zur demokratischen Aushandlung von konflikthaften Entscheidungen gegeben. Gleichzeitig bietet die Übernahme eines Ehrenamtes das Potenzial für demokratische Erfahrungen in Leitungsverantwortung.

Die von Bühler/Kanitz/Siewert (1978) formulierten Prinzipien der *lokalen Begrenzung* und der *Öffentlichkeit* verpflichten Vereine und Verbände auf den Stadtteil bzw. die Kommune oder die Region. Die lokale Begrenzung beinhaltet, dass Vereine und Verbände ihre Aktivitäten an den Themen der Kommune und den dort lebenden Menschen ausrichten. Das Prinzip Öffentlichkeit beschreibt für Jugendverbände zudem den Anspruch, in der Öffentlichkeit diskutierte Themen aufzugreifen, interne Diskurse des Jugendverbands öffentlich zu führen und sich an öffentlichen Debatten und politischen Kontroversen zu beteiligen.

2.1.2 Jugendgruppe und Jugendverband

Allerdings weist der oben zitierte § 12 SGB VIII mit der Unterscheidung von „Jugendgruppen“ und „Jugendverbänden“ auf eine wesentliche Differenzierung der Jugendverbandsarbeit hin (vgl. dazu auch Ahlrichs 2019). Der 16. Kinder- und Jugendbericht knüpft daran an und unterscheidet „örtliche Gruppen“ und „überregionale Strukturen“ (Deutscher Bundestag 2020, S. 365). Auf beiden Ebenen findet demokratische Bildung statt, allerdings in sehr unterschiedlicher Ausprägung.

Charakteristisch für die Ebene der *Jugendgruppen* sind „die Momente der Freiwilligkeit der Teilnahme, die gruppenbezogene Selbstorganisation bzw. der hohe Grad an Gestaltbarkeit, die weitgehende Gleichaltrigkeit der Gruppenmitglieder und die vergleichsweise stabile Zusammensetzung” (Deutscher Bundestag 2020, S. 366). Zwar unterscheidet sich Form und Inhalt dieser Jugendgruppen sehr stark, dennoch liegen in den Prozessen der Selbstorganisation und im Freiraum für die Gestaltung des gemeinsamen Gruppenlebens große Potenziale für demokratische Meinungsbildungs-, Aushandlungs- und Entscheidungsprozesse unter Gleichberechtigten.

Jugendverbände können demgegenüber „als ein meist vereinsförmig organisierter Zusammenschluss mehrerer, inhaltlich ähnlich orientierter, lokaler Jugendgruppen" (Deutscher Bundestag 2020, S. 369) verstanden werden. Insbesondere diese Verbandsebene bietet Kindern und Jugendlichen weitreichende demokratische Erfahrungsmöglichkeiten durch umfassende Mitbestimmungsrechte, differenzierte Gremienstrukturen und ein häufig durchgängiges Delegationsprinzip bis hin zur Bundesebene oder sogar darüber hinaus.

2.1.3 Jugendverbandsarbeit als Raum politischer Bildung

Aus den oben genannten Vereinsprinzipien wird bereits deutlich, dass es sich bei der Jugendverbandsarbeit nicht um einen beliebigen Raum des Aufwachsens handelt. Der 16. Kinder- und Jugendbericht verwendet in seiner Analyse einen *relationalen* Raumbegriff (Deutscher Bundestag 2020, S. 133), der davon ausgeht, dass sich soziale Räume durch Aushandlungs- und Interaktionsprozesse junger Menschen konstituieren und wenig formale Grenzen aufweisen. Dieser Raumbegriff ist zwar offen für die Frage, wie Kinder und Jugendliche Räume erleben und sie gestalten. Er führt jedoch letztlich dazu, dass kontingente Räume des Aufwachsens beschrieben werden, die ineinanderfließen, ohne jedoch den konkreten Raum zu berücksichtigen, in dem Aufwachsen geschieht. Um nach der Demokratiebildung zu fragen, ist indes ein *konkreter* Raumbegriff nötig (Ahlrichs et al. 2021). Denn nur in einem konkreten Raum kann sich Mitgliedschaft konstituieren und damit die Einheit für Urheber:innen und Adressat:innen von politischen Entscheidungen hergestellt werden. Dieser konkrete Raum lässt sich als *Kommune* beschreiben, er konkretisiert sich beispielsweise auf der Ebene des Stadtteils oder des Dorfes (Richter 2019, S. 153 ff.). Die Kommune wird von Helmut Richter in einem doppelten Sinne verstanden: als territorial begrenzter Raum, also als konkreter Raum, und als Interaktionsgemeinschaft gleichberechtigter Mitglieder, also als relationaler Raum. Vergleichbar ist für christliche Kirchen etwa der Begriff der Gemeinde (Richter 2016, S. 48). Jugendvereine bzw. Jugendverbände sind dieser Sichtweise folgend kommunale Institutionen, in denen sich Menschen des sozialen Raumes versammeln, um gemeinsamen Interessen nachzugehen und in denen Aushandlungsprozesse stattfinden, die das gemeinsame Vereinsleben betreffen.

Die notwendige konkrete Verortung des sozialen Raumes zeigt sich insbesondere bei Fragen, die über das Vereinsleben hinausgehen und das Zusammenleben im Stadtteil betreffen. Sie sind in der Öffentlichkeit des konkreten Raumes zu diskutieren, um die Einheit von Urheber:innen und Adressat:innen herzustellen. Solche Diskurse in der Kommune können als Aushandlungsprozesse verschiedener sozialer Räume (im Sinne des 16. Kinder- und Jugendberichts) erfolgen, beispielsweise zwischen unterschiedlichen Bildungsinstitutionen, aber eben auch zwischen Bürger:innen des konkreten Raumes mit dem Ziel, Fragen des gemeinsamen Zusammenlebens zu klären. Solche Aushandlungsprozesse fördern „Handlungsfähigkeit und Selbstorganisation sowie den Aufbau von Netzwerken und Kooperationsstrukturen" (Stövesand/Stoik 2013, S. 21) und sind damit immer auch als Bildung zu verstehen.

2.2. Partizipation

Damit sind wir bei der Bedeutung von Partizipation im sozialen Raum angelangt. Für die Soziale Arbeit ist Partizipation neben Empowerment eine der Grundhaltungen, um soziale Problemlagen gemeinsam mit ihren Adressat:innen zu bearbeiten. Autrata definiert Partizipation als „Einflussnahme auf das subjektiv gesellschaftlich oder sozial Ganze" (Autrata 2013, S. 18). Dabei sei das „Ganze" nur aus der Perspektive der Adressat:innen zu fassen. Partizipation wird also verstanden als aktives Mitgestalten eines subjektiv bedeutsamen Ausschnittes der Welt. Dass dieser Begriff und seine Implikationen ambivalent und kritisch betrachtet werden können, wird deutlich, wenn Becker aus politikwissenschaftlicher Sicht ein „kritisches Fragezeichen" hinter die Aussage macht, dass „bürgerschaftliche Partizipation per se ein erstrebenswertes Gut ist" (Becker 2019, S. 102). Er rekurriert dabei auf eine Studie von Almond und Verba (1963). In ihrer Untersuchung von Demokratieprozessen im Zusammenhang mit den Folgen des Zweiten Weltkrieges kommen die beiden Politikwissenschaftler zu dem Schluss, dass „Demokratie mit einer partizipativen Kultur [...] eben nur sehr schwer kompromissfähig" ist und „den demokratischen Prozess sogar in hohem Maße irritieren und letzten Endes überfordern" (Becker 2019, S. 106) kann. Sie favorisieren eine *civic culture* um diese Kompromissfähigkeit zu steigern: „In dieser Form der politischen Kultur wird das partizipatorische Element mit Subjekt- und Parochialorientierungen kombiniert und damit letzten Endes auch eingehegt" (ebd.). Wir wollen die Frage, warum wir Partizipation für konstitutiv für die Kinder- und

Jugendverbandsarbeit halten, dadurch beantworten, dass wir im nachfolgenden Kapitel den zentralen Begriff der Partizipation in Bezug zu seiner demokratiebildenden Funktion in der Kinder- und Jugendverbandsarbeit diskutieren und dabei seine demokratiefördernde Funktion herausstellen.

2.2.1 Partizipation – Grundauftrag der Jugendverbände

Zunächst bleibt festzustellen, dass es für die bundesdeutsche Kinder- und Jugendverbandsarbeit gar keine Frage ist, ob sie die von ihr verantwortete Kinder- und Jugendarbeit partizipativ gestaltet oder nicht – denn es ist ihr gesetzlicher Auftrag:

> „Kinder und Jugendliche sind entsprechend ihrem Entwicklungsstand an allen sie betreffenden Entscheidungen der öffentlichen Jugendhilfe zu beteiligen. Sie sind in geeigneter Weise auf ihre Rechte im Verwaltungsverfahren sowie im Verfahren vor dem Familiengericht und dem Verwaltungsgericht hinzuweisen." (§ 8, Abs. 1 SGB VIII)

Auch die UN-Kinderrechtskonvention formuliert die Pflicht, Kinder und Jugendliche an Entscheidungen, die ihr Leben betreffen, zu beteiligen (Art. 12 UN-KRK). Somit ist Partizipation im Sinne von Beteiligung von Kindern und Jugendlichen ein Anspruch an dem sich die Kinder- und Jugendhilfe zu messen hat. Dabei ist allerdings die Frage, wie Partizipation ausgestaltet wird und was von den verschiedenen Akteur:innen inklusive der Kinder und Jugendlichen darunter verstanden wird, sehr divers. Eine Antwort auf die Frage der Ausgestaltung in Bezug zur Demokratiebildung können die nachfolgend ausgeführten Aspekte sein. Sie alle machen deutlich, dass Partizipation nicht nur ein Auftrag für die Kinder- und Jugendarbeit ist, sondern aus Sicht einer (kritischen) Sozialen Arbeit ein Qualitätsmerkmal ihrer Interventionen. Es ist nicht nur relevant, *ob* Kinder und Jugendliche beteiligt werden, sondern *welche* Projekte, Programme und Strukturen mit und von ihnen für sie selbst gestaltet werden. Um dies zu gewährleisten, müssen kontextuelle Gegebenheiten für Partizipation geklärt werden.

2.2.2 Von der Information zur selbstverantworteten Gestaltung

Eine Übersicht über den Partizipationsbegriff und seine Implikationen im Bereich der Kinder- und Jugendarbeit zu geben, würde den Rahmen und das Ziel dieser Publikation sprengen. Wichtig ist aber darzustellen, dass der Begriff der „Beteiligung“ mehrere Ebenen hat und in verschiedenen Modellen zwischen unterschiedlichen Beteiligungsstufen eingeordnet werden kann oder oszilliert. So wird bei Hart (1992) der Grad der Beteiligung als eine Leiter dargestellt, auf der sich die Kinder von der untersten Stufe „Manipulation“ bis zur obersten Stufe „Kinder-initiierte Entscheidungen“ entwickeln können. Straßburger und Rieger (2014) stellen diesen Grad der Beteiligung in Form einer Partizipations-Pyramide dar, in der Partizipationsgrade von Seiten der beteiligten Institutionen und Bürger:innen auf verschiedenen Ebenen der „Information“ bis zur Spitze der „Entscheidungsmacht“ aufgeführt sind. Als weitere Kategorisierung können schließlich die sieben Partizipationsgebiete dienen, die Francis und Lorenzo (2002) für Aufgaben der Stadtplanung erarbeitet haben: sie reichen von einem „romantischen“ Gebiet, in dem die Kinder ohne Zutun der Erwachsenen aktiv werden bis hin zu einem „proaktiven“ Gebiet, in dem Erwachsene und Kinder gleichberechtigt ihre Visionen oder Anliegen teilen.

Partizipation ist demnach nie statisch zu sehen, sondern abhängig von kontextuellen Gegebenheiten wie dem Auftrag der Institutionen, dem Alter der Beteiligten, dem Bildungsgrad oder kulturellen Hintergrund der Kinder und Jugendlichen. Partizipation ist somit zuerst eine Haltung, um Kinder- und Jugendarbeit nachhaltig[1] zu gestalten. Beteiligung ist dabei nicht nur die Ermöglichung einer Teilnahme an Programmen, sondern will im Sinn von Teilhabe verhindern, dass Meinungen, Anliegen oder Interessen von Kindern und Jugendlichen in ihrer eigenen Lebenswelt ausgeschlossen werden. Dazu gehört auch, dass – wie es in den Qualitätsstandards für Beteiligung von Kindern und Jugendlichen formuliert wird – Fachkräfte bereit sind, Macht abzugeben (BMFSFJ 2010). Somit beinhaltet Partizipation neben der Vermeidung von Exklusion auch Aspekte von Machtverteilung, die sich aber nicht nur auf Fachkräfte und Erwachsene reduzieren lassen, wie der nächste Abschnitt deutlich macht.

---

1 An dieser Stelle wollen wir nicht den Nachhaltigkeitsbegriff diskutieren. Es sei darauf verwiesen, dass der Begriff Nachhaltigkeit sehr stark im Zusammenhang mit Nachhaltiger Entwicklung diskutiert wird und in Ableitung der Millenium Development Goals (MDG) zu den Sustainable Development Goals (SDG) geführt hat. In diesen Nachhaltigkeitszielen werden elementare menschliche Grundrechte „entwickelt“, um soziale Ungleichheit zu bekämpfen und somit globale Hegemonien herauszufordern. Somit schließt die Formulierung einer „nachhaltigen Jugendarbeit“ sehr direkt an die nachfolgenden Argumentationen für eine machtbalancierte Ausgestaltung von sozialen Lebenslagen junger Menschen an.

2.2.3 Partizipation bedeutet Macht abzugeben

Partizipation bedeutet nach Ansicht des Bundesjugendkuratoriums, „einen Teil der Verfügungsgewalt über die eigene gegenwärtige wie zukünftige Lebensgestaltung von den Erwachsenen auf die Kinder und Jugendlichen zu übertragen" (Bundesjugendkuratorium 2009, S. 7). Hoffmann (2019, S. 100 ff.) beschreibt vor dem Hintergrund internationaler Kinder- und Jugendarbeit wie sehr Partizipation eine Frage der Aushandlung von solchen Machtprozessen und wie sie im Zusammenhang mit Empowerment zu verstehen. An dieser Stelle soll somit ins Bewusstsein gerufen werden, dass Partizipation sich auch in der Kinder- und Jugendarbeit der Grunddialektik vom Abgeben und Nehmen von Macht stellen muss. Um einige Beispiele anzuführen, können Gestaltungsmacht (von Programmen und Projekten oder Budgets), Kommunikationsmacht (welche Sprache wird gesprochen, wie werden Dinge formuliert) oder strukturelle Macht (Zugang zu Entscheidungen, Verlässlichkeit von Verfahren) Felder sein, in denen Macht abgegeben oder geteilt werden muss, um Beteiligung zu ermöglichen. Diese Abgabe von Macht (*Power*) ist in diesem Sinne dann ein *empowerment*, denn es wird eine Ermächtigung oder ein Machtzuwachs bei den Kindern oder Jugendlichen erwartet. Dieser *power-shift* ist weder linear zu verstehen (vom Erwachsenen zum Kind) noch als singuläres Ereignis, mit dem Beteiligung vollzogen ist. Sondern es ist letztlich ein deliberativer Bildungsprozess, bei dem auch Kinder- und Jugendliche untereinander lernen müssen, Macht abzugeben (bspw. Gruppenleitende und Gruppenmitglieder), der immer wieder Verständigung aller Beteiligten verlangt – also des *demos*. Pädagogisch diesen Prozess zu begleiten – und im Sinn einer Demokratiebildung zu gestalten – bedeutet zu reflektieren, ob die Kinder und Jugendlichen sich im Umgang mit dieser (neuen) Macht sicher fühlen, sie also aus ihrer Sicht erfolgreich anwenden können. Diese pädagogische Reflexions-Aufgabe im Rahmen politischer Bildung wird auch kurz im 16. Kinder und Jugendbericht dargestellt (Deutscher Bundestag 2020, S. 14), aber deutlich eingeschränkt, wenn die Frage der Repräsentanz nur auf die Frage des Wahlrechtalters hin diskutiert wird (Deutscher Bundestag 2020, S. 110 ff.). Wir werden an dieser Stelle die Frage des 16. Kinder- und Jugendberichts nach dem Verhältnis von Repräsentation und Partizipation nicht weiterverfolgen, sondern erachten für die Demokratiebildung die Diskussion folgender Themen für zentraler.

2.2.4 Partizipation – Grundlage einer „starken“ Demokratie

Für die Klärung des Verhältnisses von Partizipation und Demokratie lehnen wir uns an das Partizipationsverständnis des amerikanischen Politikwissenschaftlers Benjamin Barber (1994) an. Hoffmann argumentiert auf der Grundlage von Barbers Modell einer „starken Demokratie“ unter Einbezug von Weber (2012): „[D]urch die ökonomische Globalisierung begünstigt, [haben] Bürger:innen immer mehr eine entpolitisierte Konsumentenrolle. [...] Dies ist in einer Selbst- und Weltentfremdung begründet, deren Ursache hauptsächlich ist, dass die Bürger:innen keine gemeinsame Perspektive mehr haben. Da in einer repräsentativen Demokratie für die Bürger:innen entschieden wird, können sie keinen Gemeinsinn ausbilden und der Mangel an Selbstwirksamkeit wird immer größer“ (Hoffmann 2021, S. 339; vgl. auch Weber 2012).

Für Barber ist jedoch genau dieser Gemeinsinn einer Gemeinschaft ein wesentliches Element, um Partizipation zu leben und somit eine starke Demokratie zu gestalten. Laut Barber erwächst Gemeinschaft „aus Bürgerbeteiligung und ermöglicht zugleich Partizipation“ (Barber 1994, S. 148). Denn in „Gemeinschaften dieser Art [die eine starke Demokratie suchen, d. Verf.] leiten sich öffentliche Zwecke weder aus etwas Absolutem her, noch werden sie in einem vorgängig existierenden, ‚verborgenen Konsens‘ entdeckt. Sie werden buchstäblich im Akt der öffentlichen Partizipation geformt und durch gemeinsame Beratung wie gemeinsames Handeln geschaffen, wobei eine besondere Rolle spielt, dass sich der Gehalt und die Richtung von Interessen ändert, sobald sie partizipatorischen Prozessen dieser Art ausgesetzt sind“ (ebd., Herv. im Original).

Wir sind der Überzeugung, dass für verbandliche Kinder- und Jugendarbeit, deren Fokus auf Gemeinschaften in Form von bspw. Gruppen liegt, diese Art der Beteiligung und der Herstellung einer Öffentlichkeit eine Basis ihrer Arbeit sein kann, denn in „dem Augenblick, wo ‚Massen‘ beginnen, sich zu beratschlagen, zu handeln und beizutragen, hören sie auf, Massen zu sein und werden zu Bürgern. Erst dann ‚nehmen sie teil‘“ (Barber 1994, S. 152). Laut Barber ist es somit ein Fehler, „Partizipation und bürgerliche Tätigkeit von Gemeinschaft zu trennen. [...] eine Partizipation, die keine sich entwickelnde Vorstellung des ‚Öffentlichen‘ kennt und sich nicht darum kümmert, Selbstverantwortung zu fördern, eine Partizipation, die fragmentarisch, zeitlich beschränkt, halbherzig oder hitzig ist – wäre lediglich Schein“ (Barber 1994, S. 150). Neben dieser Verknüpfung von Gemeinschaft, Öffentlichkeit und Partizipation ist in Barbers Verständnis einer starken Demokratie das Lokale – verstanden als die Überwindung des Parochialen – ein wichtiger Faktor. Denn nur dort sind, wie schon in Kap. 2.1 angedeutet, Aktivitäten und Beziehungen, die zu einer starken Demokratie führen, verankert und organisierbar. Welchen theoretischen Hintergrund sehen wir nun, um solche Prozesse der Gemeinschaftswerdung und Lokalität zu unterstützen und sozialpädagogisch zu initiieren oder zu begleiten?

2.2.5 Aneignung – Partizipation praktisch

Für die Demokratiebildung ist das Einüben von kognitiven und praktisch-instrumentellen demokratischen Fähigkeiten elementar (Steenkamp 2019). Zu den kognitiven Fähigkeiten zählen das Wahrnehmen und der Umgang mit verschiedenen Perspektiven oder das Vergleichen von Sachverhalten. Zum Bereich der praktisch-instrumentellen Fähigkeiten zählen etwa Selbstwirksamkeit oder Argumentationsfähigkeit. Solche Bildungsprozesse im non-formalen Bildungsraum brauchen einen geeigneten Rahmen – hierfür schlagen wir vor allem für verbandliche, gruppenbezogene Kinder- und Jugendarbeit das Konzept der Aneignung vor. Aneignung wird verstanden als „eine lebendige Praxis [...], indem ein sich verändernder Organismus mit dem sich verändernden ‚Organismus' der Kultur so vermittelt, dass hier wie dort neue Strukturen entstehen" (Winkler 2004, S. 81). Somit sind Aneignungsprozesse ergebnisoffen, denn sie führen häufig zu „einer sozialen und kulturellen Situation [...], die sich von der Ausgangssituation unterscheidet, aus der heraus die Organisation des Ortes erfolgt war" (Winkler 2004, S. 84). Die Rolle des – wie Winkler es nennt – „Erziehers" ist dabei, im Sinn einer lebensweltorientierten Sozialen Arbeit diesen Raum der Aneignung, des Lernens, oder des Dialogs zu schaffen, zu verteidigen oder zu ermöglichen (Hoffmann 2021). Verbandliche Jugendarbeit ist dabei – wie Scherr es beschreibt – für die Jugendlichen Rückzugsraum, gegenkultureller Raum oder Begegnungsraum, in dem das Subjekt sich neue Fähigkeiten wie „Wahrnehmungs-, Bewertungs- und Handlungsmuster angeeignet hat" (Scherr 2004, S. 168 f.).

2.2.6 Demokratische Partizipation

Partizipation wird – wie oben dargestellt – häufig mit Beteiligung und Mitwirkung gleichgesetzt. Dieser Aspekt des Partizipationsbegriffs kennzeichnet die Teilnahme an Willensbildungs- und Entscheidungsprozessen.

Die Teilhabe an gesellschaftlicher Macht wird dagegen seltener thematisiert (Schnurr 2015, S. 1171). Sie realisiert sich insbesondere durch konkrete Mitbestimmungsrechte. Fehlen solche Mitbestimmungsrechte, bleibt die Partizipation situativ und vom Wohlwollen Erwachsener abhängig. Auch eine situative Delegation von Entscheidungsmacht ist insofern noch nicht als Mitbestimmungsrecht zu verstehen.

Partizipation ist dabei nicht gleichzusetzen mit Demokratie, aber eine wichtige Vorstufe dazu. Als demokratische Partizipation in Jugendverbänden bezeichnen wir anschließend an Richter et al. (2016) die auf Beteiligungs*rechten* beruhende Mitbestimmung von Kindern und Jugendlichen. Denn wenn sich Demokratie „(besonders) durch das Recht von Mitgliedern (Bürgerinnen und Bürgern) aus[zeichnet], auf der Basis gleichberechtigten Argumentierens und wechselseitiger Anerkennung, Mitentscheidungen zu treffen“ (Sturzenhecker 2014, S. 225), dann kann demokratische Partizipation nicht als die situative Gewährung von Mitsprachemöglichkeiten verstanden werden. Demokratische Partizipation beinhaltet vielmehr zwingend das Recht „auf freie, gleichberechtigte und öffentliche Teilhabe der Bürger:innen [d. h. auch der Kinder und Jugendlichen, d. Verf.], an gemeinsamen Diskussions- und Entscheidungsprozessen in Gesellschaft, Staat und Institutionen, in institutionalisierter oder offener Form“ (Knauer/Sturzenhecker 2005, S. 68). Denn Demokratie ist erst dann gegeben, wenn ein *demos*, verstanden als Volk grundsätzlich gleichberechtigter, von einer Entscheidung betroffener Mitglieder, die *kratia* ausübt, also die Herrschaft auf der Grundlage von formell geregelten und grundsätzlich reversiblen Entscheidungsverfahren (Richter et al. 2016, S. 108). „Eine solche demokratische Partizipation ermöglicht Demokratiebildung, d.h. die Aneignung demokratischer Kompetenzen und Kenntnisse durch die Teilnahme und Teilhabe an demokratischen Entscheidungsprozessen“ (Ahlrichs 2019, S. 31). Demokratische Partizipation steht damit nicht unter einem Bildungsvorbehalt, Demokratiebildung geschieht vielmehr als Aneignung von Demokratie in und durch die Praxis demokratischer Partizipation. Dies lenkt den Blick auf den dieser Studie zugrunde liegenden Demokratiebegriff.

2.3. Demokratie

Angesichts der großen Vielfalt politikwissenschaftlicher, demokratietheoretischer Zugänge und Publikationen, ist an dieser Stelle zu klären, was in dieser Studie unter Demokratie zu verstehen ist. Vielfach wird diese

Klärung unterlassen und vorausgesetzt, dass alle Menschen dasselbe im Sinn haben, wenn sie von Demokratie reden. So fragt etwa die Shell-Studie junge Menschen regelmäßig: „Wie zufrieden oder unzufrieden bist du – alles in allem – mit der Demokratie, so wie sie in Deutschland besteht?“ (Albert et al. 2019, S. 91). So erfreulich die dargestellte Entwicklung zur Demokratiezufriedenheit ist, so unspezifisch bleibt sie in Bezug auf die Frage danach, was junge Menschen konkret unter Demokratie verstehen und vor allem wo und wie junge Menschen sich Demokratie selbst aneignen.

Dieser Frage geht der 16. Kinder- und Jugendbericht nach, der den Untertitel „Förderung demokratischer Bildung im Kindes- und Jugendalter“ trägt. Dabei verwendet die Berichtskommission einen dreidimensionalen Demokratiebegriff:

> „Die *formale Dimension* der Demokratie umfasst die Art, wie allgemein verbindliche Regeln aus dem Konflikt verschiedener Interessen durch Partizipation, Repräsentation, den Wettbewerb verschiedener Konzepte und Diskursivität hergestellt, durchgesetzt und infrage gestellt werden. Die *substanzielle Dimension* der Demokratie beschreibt den unhintergehbaren Kern und besteht in der Geltung fundamentaler Prinzipien wie Gleichheitsprinzip, Pluralismus, Menschenrechte, Rechtsstaatlichkeit, Gewaltenteilung (Machtbegrenzung) und Minderheitenschutz. Die *prozesshafte Dimension* bezeichnet die Tatsache, dass Demokratie in ihrer konkreten Erscheinungsform historisch geworden ist und immer neu ausgehandelt wird.“ (Deutscher Bundestag 2020, S. 110)

Für die Analyse von Bildungsprozessen in Jugendverbänden ist mit der prozesshaften Dimension eine hilfreiche Grundlage dafür gelegt, die Individualität und Veränderungspraxis der Jugendverbände im Hinblick auf demokratische Aushandlungen und Verfahren zu erfassen. Zu unspezifisch bleiben dagegen die anderen beiden Dimensionen. Mit der formalen Dimension von Demokratie nimmt der 16. Kinder- und Jugendbericht die Vielfalt von Definitionen und Beschreibungen von Demokratie auf. Die substanzielle Dimension soll demgegenüber deutlich machen, dass die demokratischen Prinzipien dann doch nicht so beliebig austausch- und verhandelbar sind, sondern es in den Menschenrechten und weiteren „fundamentalen Prinzipien“ unhintergehbare Grenzen gibt (vgl. zum Folgenden Ahlrichs et al. 2021).

Ein Blick in die Demokratiegeschichte reicht jedoch aus, um festzustellen, dass die Menschenrechte nicht „unhintergehbar“ sind: Wurden im antiken Athen und noch in der amerikanischen Gründungsverfassung Frauen und Sklaven demokratische Teilhaberechte vorenthalten, so galt dies in Europa noch bis in das vergangene Jahrhundert hinein für das Frauenwahlrecht. Und es gilt noch heute in Deutschland beispielsweise für Kinder und Jugendliche unter 18 Jahren – bzw. zukünftig unter 16 Jahren –, aber auch für andere Gruppen. Eine Gleichsetzung von Demokratie und Menschenrechten ist insofern genauso unzulänglich wie der Versuch, die Demokratie von den Menschenrechten her zu begründen – werden doch demokratische Rechte nach wie vor großen Gruppen der Bevölkerung systematisch vorenthalten (Danz/Ahlrichs 2022).

Wir beziehen uns hier daher auf den Ansatz der Hamburger Schule der Demokratiebildung, in welchem Demokratie anthropologisch begründet wird (Ahlrichs et al. 2021). Grundlage ist nicht ein beliebiges Demokratieverständnis, sondern das von Jürgen Habermas (1998) entwickelte Verständnis von deliberativer Demokratie. Habermas versteht Demokratie als ein Verfahren, in dem die Mitglieder einer Gemeinschaft, des *demos*, sich wechselseitig als mündige Gesprächspartner:innen anerkennen und gemeinsam über Fragen des gemeinsamen Lebens beraten. Diese Beratungen (Deliberationen) folgen den Diskursprinzipien, wie sie Habermas (1995) in seiner Universalpragmatik herausgearbeitet hat. Danach erheben Gesprächspartner:innen wechselseitig Geltungsansprüche auf Wahrhaftigkeit, Wahrheit und Richtigkeit und zielen dabei auf eine kommunikative Verständigung, bei der „allein der zwanglose Zwang des besseren Arguments" zum Tragen kommt. Ist kein Konsens zu erzielen, muss aber eine Entscheidung unter Handlungsdruck erreicht werden, setzt Habermas auf faire Kompromisse, denen alle Beteiligte zustimmen können.

Die Menschenrechte sind für Habermas Grundlage dafür, dass überhaupt demokratische Aushandlungsprozesse stattfinden können, indem Menschen sich als freie und gleichberechtigte Bürger:innen begegnen und ihre Argumente austauschen können. Aber die Menschenrechte begründen eben nicht die Demokratie als solche. Diese basiert auf der Universalpragmatik der menschlichen Kommunikation. Dies wiederum setzt voraus, dass Menschen in ihren Gesprächspartner:innen immer schon ebenfalls mündige Menschen erkennen, unabhängig ihres Alters. Denn zweifellos erheben auch schon kleine Kinder vehement Geltungsansprüche, deren Wahrhaftigkeit kaum abgesprochen werden kann.

Nun ist unübersehbar, dass eine kapitalistische Gesellschaft nicht durch verständigungsorientierte Kommunikation, sondern vielmehr durch Macht und Geld konstituiert wird. Die deliberative Demokratietheorie ist daher eng mit der dahinterliegenden Gesellschaftstheorie verbunden.

Diese führt uns schließlich auch zur Verortung von Demokratie und damit zu den Jugendverbänden.

2.3.1 System und Lebenswelt

Habermas konzipiert Gesellschaft in den beiden Sphären System und Lebenswelt. Verständigungsorientiertes, kommunikatives Handeln spielt sich vor allem in der Lebenswelt ab (Habermas 1995, S. 192), während in den Subsystemen Wirtschaft und bürokratische Verwaltung, die Habermas als System zusammenfasst, zweckrationales Handeln vorherrscht. Diese Sphären sind nicht strikt getrennt. Als „Kolonialisierung der Lebenswelt" bezeichnet Habermas einen Vorgang, bei dem die systemischen Imperative Macht und Geld von außen „wie Kolonialherren in eine Stammesgesellschaft" (Habermas 1995, S. 522) in die auf Verständigung ausgerichteten Bereiche der Lebenswelt eindringen und deren Anpassung erzwingen. Die Kolonialisierung der Lebenswelt mindert die Möglichkeiten einer kommunikativen Verständigung in den lebensweltlichen, verständigungsorientierten gesellschaftlichen Bereichen; Geld und Macht ersetzen die Kommunikation als Mittel der Handlungskoordinierung.

Die Grenze zwischen System und Lebenswelt verläuft damit idealtypisch zwischen den Subsystemen der kapitalistischen Wirtschaft und der bürokratisch organisierten Verwaltung auf der einen und der von Familien, Nachbarschaften und Assoziationen geprägten Privatsphäre bzw. der Öffentlichkeit auf der anderen Seite (Habermas 1995, S. 458). Unter der Voraussetzung einer kapitalistischen Produktionsweise kann es im System keine deliberative Demokratie geben, wohl aber in der Lebenswelt.

2.3.2 Deliberation und Öffentlichkeit

Damit wird die wichtige Rolle der Zivilgesellschaft für die deliberative Demokratie deutlich. Hier finden kompromissorientierte Prozesse der Meinungsbildung und Entscheidungsfindung unter gleichberechtigten Bürger:innen statt:

> „Den institutionellen Kern der ‚Zivilgesellschaft' bilden jedenfalls nicht-staatliche und nicht-ökonomische Zusammenschlüsse auf freiwilliger Basis, die, um nur unsystematisch einige Beispiele zu nennen, von Kirchen, kulturellen Vereinigungen und Akademien über unabhängige Medien, Sport- und Freizeitvereine, Debattierclubs, Bür-

> gerforen und Bürgerinitiativen bis zu Berufsverbänden, politischen Parteien, Gewerkschaften und alternativen Einrichtungen reichen.“ (Habermas 1961/2015, S. 46)

Einen besonderen Stellenwert in der öffentlichen Meinungsbildung haben Habermas zufolge Vereine: „Historisch gesehen, manifestiert sich der Zusammenhang von Öffentlichkeit und Privatsphäre an dem Vereinswesen und den Organisationsformen eines um Zeitungen und Zeitschriften sich kristallisierenden Lesepublikums von bürgerlichen Privatleuten“ (Habermas 1998, S. 443). Vereine repräsentieren Gruppen, die sonst keine öffentliche Aufmerksamkeit erhalten, nehmen sich Spezialthemen an oder sorgen für Solidarität mit ausgegrenzten Gruppen. Auch Tocqueville analysierte die Bedeutung der Zivilgesellschaft und besonders der Vereine für die Demokratie (Tocqueville 1835/2016). In Vereinen können ihm folgend Bürger:innen ihre Interessen wirksam artikulieren und diskutieren. Im Tocquevillschen Vereinsverständnis ist wie bei Barber – ohne dass es jeweils thematisiert wurde – Lokalität eine wichtige Basis, um demokratische Verständigungsprozesse zu initiieren. In der Verständigung der Bürger:innen bzw. Vereine in der kommunalen Öffentlichkeit entstehen öffentliche Meinungsbildungsprozesse. Solche Meinungsbildungsprozesse in der Öffentlichkeit bilden in der deliberativen Demokratietheorie die Legitimationsgrundlage für politische Entscheidungen.

Dabei erreichen die in der Öffentlichkeit, bzw. präziser in den Öffentlichkeiten, formulierten Argumente und Interessen nach Habermas durch ein System von „Schleusen“ (Habermas 1998, S. 430) die politische Administration und fließen in die parlamentarische Entscheidungsfindung ein. Auf diese Weise wird diskursiv erzeugte kommunikative Macht in administrative Macht überführt, die unterschiedlichen Argumente der vielfältigen Interessengruppen werden zur öffentlichen Meinung gebündelt. Habermas verwendet das Schleusenmodell normativ: Sollen politische Entscheidungen legitim sein, entstehen sie aus Kommunikationsflüssen, die aus der Zivilgesellschaft stammen (ebd., S. 432), d.h. dass sie beispielsweise durch Vereine angestoßen werden und die Schleusen des deliberativen Prozesses passieren konnten. Damit dies funktioniert, müssen Kommunikationsstrukturen existieren, die eine argumentative Verständigung ermöglichen. Nur wenn die Bürger:innen über anstehende Fragen und Entscheidungen umfassend informiert sind, sich eine Meinung bilden und darüber diskutieren können, ist die Beeinflussung politischer Entscheidungen und die demokratische Kontrolle von Parlament und Regierung möglich. Welche Rolle spielen Jugendverbände dabei?

Für Habermas stellt sich das Problem, dass Bürger:innen „von ihren Kommunikations- und Teilhaberechten auch einen gemeinwohlorientierten Gebrauch machen" (ebd., S. 678). Die deliberative Demokratie setzt somit eine politische Kultur und Sozialisation sowie Meinungsbildungsprozesse in der Zivilgesellschaft voraus, auf die der Staat keinen Einfluss nehmen kann (ebd., S. 366). Damit schließt Habermas indirekt an das berühmte Diktum des ehemaligen Verfassungsrichters Ernst-Wolfgang Böckenförde (1976, S. 60) an, dass der freiheitliche Staat von Voraussetzungen lebt, die er selbst nicht garantieren kann. Anders als Böckenförde setzt Habermas allerdings nicht auf eine sittlich-moralische Erziehung, sondern auf die „Gleichursprünglichkeit" von Menschenrechten und demokratischen Entscheidungsprozessen (Habermas 1998, S. 135). Mit anderen Worten: Die Grundrechte garantieren die Teilnahme am öffentlichen Diskurs und ermöglichen die diskursive Willensbildung in der Öffentlichkeit, die wiederum in demokratische Entscheidungen einfließt und somit gewährleistet, dass Bürger:innen zugleich Urheber:innen von Entscheidungen und deren Adressat:innen sind – und ihre Menschenrechte gewahrt werden.

Um die Gemeinwohlorientierung der Bürger:innen zu fördern, verlässt sich Habermas auf „die rechtlich nicht erzwingbaren Strukturen einer lebendigen Zivilgesellschaft und einer nicht vermachteten politischen Öffentlichkeit" (ebd., S. 678) und vertraut auf demokratische Erfahrungen und Bildungsprozesse in der Öffentlichkeit bzw. eben in demokratischen Assoziationen wie beispielsweise Vereinen:

> „Die Bereitschaft, für fremde und anonym bleibende Mitbürger gegebenenfalls einzustehen und für allgemeine Interessen Opfer in Kauf zu nehmen, darf Bürgern eines liberalen Gemeinwesens nur angesonnen werden. Deshalb sind politische Tugenden, auch wenn sie nur in kleiner Münze ‚erhoben' werden, für den Bestand einer Demokratie wesentlich. Sie sind Sache der Sozialisation und der Eingewöhnung in die Praktiken und Denkweisen einer freiheitlichen politischen Kultur. Der Staatsbürgerstatus ist gewissermaßen in eine Zivilgesellschaft eingebettet, die aus spontanen, wenn Sie wollen ‚vorpolitischen' Quellen lebt." (Habermas 2005, 22 f.)

Indem er Sozialisation und demokratische Erfahrung voraussetzt, koppelt Habermas damit die deliberative Demokratietheorie an eine erfahrungsorientierte Demokratiebildung. In ähnlicher Weise argumentiert auch die Evangelische Kirche Deutschland mit Blick auf demokratische Bildung:

> „Politisches Engagement erfordert ein Grundverständnis von Demokratie und ein soziales Verhalten, das befähigt, eine Rolle in einer abstrakten sozialen Gesellschaft zu finden und die mit ihr verbundenen Aushandlungsprozesse anzunehmen. Um dieses jedoch möglich zu machen, sind Zugehörigkeit, der rationale Diskurs und das Gefühl, anerkannt zu werden grundlegend. Damit ist man in einer paradoxen Situation; denn politische Teilhabe benötigt jene Voraussetzungen, die gerade bei fehlender Teilhabe nicht gelernt wurden." (EKD 2020, S. 18)

Anknüpfend an diese Forderungen nach demokratischen Erfahrungen und die diese Erfahrungen voraussetzende Anerkennung von Kindern und Jugendlichen als mündigen Bürger:innen im demokratischen Diskurs, untersucht die vorliegende Studie die Aneignungspraktiken von Kindern und Jugendlichen im Jugendverband. Zunächst ist jedoch zu klären, wie Demokratiebildung im Jugendverband konkret geschieht, was den Blick auf das der Studie zugrundeliegende Bildungsverständnis richtet.

2.4 Demokratiebildung

Nachdem der Verein demokratie- und gesellschaftstheoretisch in seinen Potenzialen für demokratische Erfahrungen konturiert und die Demokratie als eine auf erfahrungsbasierte Bildung angewiesene Gesellschaftsform gekennzeichnet wurde, geht es im Folgenden darum, Jugendverbandsarbeit pädagogisch als Ort von Demokratiebildung zu erfassen. Dazu knüpfen wir an John Deweys erfahrungsbasierte Demokratiebildung an (Dewey 2011). Für Dewey ist demokratische Erziehung Voraussetzung einer demokratischen Gesellschaft und ihrer Weiterentwicklung. Sein Erziehungskonzept kann als Einübung von Demokratie innerhalb einer demokratischen Gemeinschaft verstanden werden. Demokratie wird dabei nicht nur als Regierungsform, sondern als elementare Form des Zusammenlebens in der Gemeinschaft akzentuiert (Dewey 2011, S. 121).

2.4.1 Demokratie als Erfahrungslernen

Dewey hat ein Erziehungskonzept entwickelt, dass sich grundlegend am Demokratieprinzip orientiert. Die Schule, der Deweys Hauptaugenmerk galt, sollte als „*embryonic society*" einen demokratischen Erfahrungsraum bilden, in dem sich Kinder und Jugendliche Demokratie durch gemeinsame Erfahrungen aneignen. Der zentrale Begriff in Deweys Erziehungsphilosophie ist somit die Erfahrung (*experience*). Erziehung zielt darauf, Kindern und Jugendlichen Erfahrungen zu bieten, in denen sie sich im Zusammenspiel mit ihrer sozialen Umwelt vielfältige – auch demokratische – Fähigkeiten und Kenntnisse aneignen:

> „Die grundlegende Beeinflussung erfolgt durch die Natur der Situation, an der der Jugendliche teilhat. In sozialen Situationen müssen die Jugendlichen ihre Art zu handeln in Beziehung setzen zu dem, was andere tun und sie daran anpassen. Dadurch wird ihr Handeln auf ein gemeinsames Ziel gelenkt und ein allen Teilhabern gemeinsames Verständnis erzielt." (Dewey 2011, S. 63 f.)

Erfahrung beinhaltet dabei zweierlei: Mit dem aktiven Ausprobieren bzw. Handeln (*trying*) verbindet Dewey ein passives Element (*undergoing*). Erst im Zusammenspiel von Handeln und Reflektieren entsteht für Dewey Lernen durch Erfahrung (*experience*). Dieser um die Reflexion erweiterte Erfahrungsbegriff kommt insbesondere in solchen Situationen zum Tragen, für die bereits erlernte Handlungsroutinen nicht ausreichen und neue Lösungen gesucht, gefunden und erprobt werden müssen. Durch die Reflexion des aktiven Handelns entsteht dann die Erfahrung, die zur Verankerung der neu erworbenen Handlungsroutinen führt. Dewey koppelt dieses Konzept des Erfahrungslernens an die Idee einer demokratischen Gesellschaft. Diese ist dadurch gekennzeichnet, dass sie zu ihrer Weiterentwicklung auf die immer wieder neue gemeinschaftliche und kommunikative Suche nach der jeweils besten Lösung angewiesen ist. Demokratische Erziehung in der Form des Erfahrungslernens ist nach Deweys Verständnis deshalb Voraussetzung einer demokratischen Gesellschaft

2.4.2 Demokratiebildung im Jugendverband

Der 16. Kinder- und Jugendbericht unterscheidet – indem er an Dewey u.a. anschließt – drei Dimensionen demokratischer Bildung: Demokratie als Bildungsgegenstand, Demokratie als Bildungsstruktur und Demokratie als Erfahrung (Deutscher Bundestag 2020, S. 130 f.). Die erste Dimension beschreibt die Inhalte und Angebote politischer Bildung. Konkret geht es dabei um die Aneignung von Wissen, die Auseinandersetzung mit unterschiedlichen politischen Positionen und die Entwicklung von Kompetenzen zur Teilnahme an demokratischen Entscheidungsverfahren. Die zweite Dimension fragt nach den Rahmenbedingungen und Strukturen, den Hierarchien und Machtverhältnissen innerhalb von Bildungsinstitutionen. In den Blick geraten dabei Ein- und Ausschließungsprozesse sowie demokratische Rechte und Verfahren. Die dritte Dimension schließlich widmet sich der Perspektive von Kindern und Jugendlichen und ihrer subjektiven Aneignung von Demokratie, etwa durch das Mitgestalten und Mitbestimmen von Rahmenbedingungen, Angeboten und Regeln.

Alle drei Dimensionen versucht die Berichtskommission mit dem Begriff der „demokratischen Bildung" zu erfassen. Eine analytische Trennung der Begriffe „Demokratiebildung" und „politische Bildung" hält sie für „nicht zielführend" (Deutscher Bundestag 2020, S. 49). Diese begriffliche Gleichsetzung ist aber fachlich umstritten (Fritz/Wohnig 2021; Ahlrichs et al. 2021). Wir nutzen daher in dieser Publikation bewusst den Begriff Demokratiebildung und verstehen diese im Sinne Deweys als selbsttätige Aneignung von Demokratie in demokratischer Praxis. In Abgrenzung dazu verstehen wir unter politischer Bildung die bewusste Thematisierung von politischen Inhalten, die natürlich auch in Jugendverbänden stattfindet, aber nicht zwingend auf demokratische Praxis angewiesen ist.

Folgt man der „Hamburger Schule der Demokratiebildung" (Ahlrichs et al. 2021) ist das Potenzial für eine solche Demokratiebildung in erster Linie in der vereinsförmig organisierten Kinder- und Jugendarbeit zu verorten. Hier können Erfahrungen lebensweltlicher, demokratischer Partizipation gemacht werden, indem sich die Mitglieder einer Gemeinschaft verständigen und gemeinsam über strittige Fragen ihrer Lebenswelt entscheiden (Richter et al. 2016). Gerade die vereinsförmig organisierte Kinder- und Jugendarbeit bietet ihren Mitgliedern Erfahrungen verständigungsorientierter Aushandlungsprozesse und die Möglichkeit zur Mitbestimmung innerhalb demokratischer Vereins- oder Verbandsstrukturen. So wird sichergestellt, dass die Betroffenen zugleich Urheber:innen von Entscheidungen sind.

In der vereinsförmig organisierten Kinder- und Jugendarbeit ist die demokratische Partizipation von Kindern und Jugendlichen weitreichend: Sie entscheiden nicht nur über das Programm oder das nächste Freizeitziel, sondern auch über die konzeptionelle Ausrichtung, den Haushalt und ggf. das hauptamtliche Personal des Vereins. Dabei sind die alltäglichen Aushandlungen in Gruppen, auf Freizeiten oder in Projekten zu unterscheiden von weitreichenderen Entscheidungsprozessen in Gremien. Die Verbindung der verschiedenen Ebenen bietet das Potenzial zur Aneignung der oben beschriebenen Demokratie als Lebens- und Regierungsform auf der Grundlage der Vereinsprinzipien (vgl. Kap. 2.1).

Wenn Jugendverbände sich im Sinne dieser Vereinsprinzipien organisieren, ist eine erste zentrale Bedingung von Demokratiebildung erfüllt (Fritz/Mielich 2020). Hinzukommen muss aber auch eine inhaltliche Komponente, die als demokratische Weltanschauung oder demokratisches Ethos bezeichnet werden könnte. Damit ist die oben bereits angesprochene solidarische, gemeinwohlorientierte Haltung gemeint, die grundlegend ist für die deliberative Demokratie. Vereine und Verbände müssen darauf achten, dass ihre Angebote einen demokratiebildenden Charakter aufweisen und Exklusionsmechanismen vermeiden. Die dritte Gelingensbedingung kann mit gesellschaftlicher Solidarität beschrieben werden und bezeichnet das konkrete Handeln für die und in der Gesellschaft. Gesellschaftliche Mitverantwortung und soziales Engagement werden beispielsweise bei politischen Aktionen, solidarischen Hilfsprojekten, Kundgebungen und Demonstrationen vermittelt. Die Anliegen von Kindern und Jugendlichen werden dabei von ihnen und den Erwachsenen des Verbands in die politische Öffentlichkeit getragen oder in parlamentarische Gremien eingebracht, beispielsweise in den Kreis- oder Landesjugendring oder den Jugendhilfeausschuss. Auf diese Weise eröffnen Jugendverbände Kindern und Jugendlichen die Möglichkeit, sich in die Kommune einzubringen und in der Öffentlichkeit politisch und solidarisch zu handeln (Ahlrichs 2019, S. 398; Ahlrichs 2020).

Für die Demokratiebildungsprozesse in Jugendverbänden birgt dieses solidarische Handeln in der Öffentlichkeit ein besonderes Potenzial, denn die lokale Praxis im kommunalen Nahraum wird als überschaubar und beeinflussbar erlebt und bietet „die Möglichkeit einer eigenen Verortung, einer Positionierung und Bestimmung des persönlichen Teil-Seins in der Kommune“ (Maykus 2017, S. 86). Kinder und Jugendliche können hier Erfahrungen der Mitbestimmung, Mitgestaltung und Verantwortungsübernahme jenseits der Grenzen des Jugendverbands machen. Verständigungsprozesse innerhalb der Jugendverbände sind als Vorstufe zu dieser politischen Einmischung im Gemeinwesen wichtig, weil die Themen und Anliegen von Kindern und Jugendlichen zunächst selbst eine diskursive Verständigung benötigen, bevor sie an die kommunale Öffentlichkeit vermittelt werden können.

Jugendverbände haben also den Auftrag, Kinder und Jugendliche bei der Entwicklung politischer Handlungsfähigkeit und bei der demokratischen Mitverantwortung zu unterstützen. Und das auf zwei Ebenen: a) in den Organisationen der Kinder- und Jugendarbeit selbst b) und in der kommunalen Öffentlichkeit bzw. in der Gesellschaft. In der Wechselwirkung zwischen den Jugendverbänden und der kommunalen Öffentlichkeit zeigt sich damit, wie das von Habermas skizzierte System der Schleusen funktionieren kann: Aufgabe der Kinder- und Jugendarbeit in der Demokratie ist, die bereits in der internen Öffentlichkeit der Vereine diskutierten Anliegen von Kindern und Jugendlichen in die lokale Öffentlichkeit einzubringen. Umgekehrt nimmt die Kinder- und Jugendarbeit Themen aus der kommunalen Öffentlichkeit auf und stellt sie intern zur Diskussion. Sie wirkt damit als Schleuse für die Anliegen von Kindern und Jugendlichen bzw. für die Vermittlung von öffentlich diskutierten Themen. Dabei gilt es, Kindern und Jugendlichen Wege und Möglichkeiten zur Artikulation ihrer Interessen zu eröffnen, sie zu ermutigen, für die eigenen Anliegen einzutreten, sie bei der öffentlichen Artikulation zu unterstützen und zwischen dem Jugendverband als (jugendlicher) Lebenswelt und dem politischen System zu vermitteln (Ahlrichs 2019). Im Idealfall erleben sie dabei Selbstwirksamkeit.

2.5 Selbst- und Gruppenwirksamkeit – ein demokratiebildendes Element

„Unter Selbstwirksamkeit (*self-efficacy beliefs*) versteht man in der Psychologie die Überzeugung eines Menschen, auch schwierige Situationen und Herausforderungen aus eigener Kraft erfolgreich bewältigen zu können" (Stangl 2022, o.S.). Im Rahmen der vorliegenden Studie ist dieses Konzept der eigenen Überzeugung, eine schwierige Situation erfolgreich bewältigen zu können, ein wichtiges Element bei der Beurteilung, sich als wirksame Bürger:in zu verstehen und als junger Mensch zu erkennen, ob und inwiefern die eigenen Worte und Handlungen etwas „bewirken":

> „Die Erfahrung von ‚Selbstwirksamkeit' ist zentral für die Artikulationsfähigkeit von Menschen [...]. Die Stärkung bürgerschaftlichen Engagements [...] lässt die Bürgerinnen und Bürger erfahren, dass ihr eigenes Handeln relevant ist für gelingendes Zusammenleben. Diese Erfahrung von Selbstwirksamkeit ist dabei keineswegs nur instrumentell zu würdigen, etwa um den sozialen Zusammenhalt zu fördern. Sie ist ein Zweck in sich und fördert gerade auch Heranwachsende in ihrer Entwicklung." (EKD/DBK 2019, S. 35)

Um diesen wichtigen Begriff in den Blick zu nehmen, wird nachfolgend das Konzept der Selbstwirksamkeit aus drei Perspektiven skizziert und im Anschluss im Hinblick auf die vorliegende Studie bewertet.

2.5.1. Psychologische Perspektive

Das Konzept der Selbstwirksamkeit wurde vom kanadischen Psychologen Albert Bandura geprägt. Er weist für Gruppen nach, dass die Erwartung, ob die eigene Wirksamkeit ausreicht, ein Ergebnis zu erreichen, viel entscheidender für das Eintreffen des Ergebnisses ist, als die Einschätzung, ob das Ergebnis erreichbar ist (Bandura 1977, S. 193). Diese Erkenntnis der sogenannten Selbst- (im individuellen Bereich) und Gruppenwirksamkeit wurde für viele pädagogische Settings (hier vor allem im Bereich formelles Lernen / Schule) aber auch bspw. für Bereiche des *community development* fruchtbar gemacht (Rosa 2020, S. 273). Bandura argumentiert, dass durch diese Wirksamkeits-Erwartungen bei Gruppen und Individuen sowohl der Durchhaltewille als auch die Bemühungen, es überhaupt zu versuchen, viel höher sind, als ohne eine solche Erwartungshaltung (Bandura 1977, S. 193). Somit kann formuliert werden: Wenn Menschen daran glauben etwas verändern zu können, beginnen sie, sich zu engagieren und zu handeln: „Wer die Erfahrung macht, etwas zu können und zu meistern […], erhöht seine Selbstwirksamkeitserwartung, was zur Folge hat, dass er sich mehr zutraut, größere Freude an der entsprechenden Tätigkeit hat und daher mehr übt und infolgedessen das nächste Mal noch erfolgreicher agiert“ (Rosa 2020, S. 272).

Weiterhin tragen aber nicht nur die Erwartungshaltung, sondern auch Umstände wie Können oder Anreize zum Ergebnis des Handelns bei, wobei die Erwartungshaltung als Basis gesehen werden kann, denn: “Given appropriate skills and adequate incentives, however, efficacy expectations are a major determinant of people's choice of activities, how much effort they will expend, and of how long they will sustain effort in dealing with stressful situations“ (Bandura 1977, S. 194). Gründe für Selbstwirksamkeitserwartungen liegen dem frühen Werk Banduras folgend in der eigenen *performance*, stellvertretenden Erfahrungen, mündlichen Überzeugungen und emotionalen Erlebnissen (Bandura 1977, S. 195). In einer Überarbeitung dieser Theorie wurden von ihm dann vier Bereiche formuliert und beforscht, die als Effektive Quellen der Selbstwirksamkeitserwartung bezeichnet werden. Sie liegen nach Bandura in folgenden Bereichen (Bandura 2000):

- Physiologische Zustände: körperliche Auswirkungen einer Herausforderung die pessimistisch oder optimistisch bewertet und genutzt werden können (z.B. Herzklopfen)

- Soziale Überzeugung: Zuspruch von anderen, dieser muss aber mit der Realität übereinstimmen und kann positiv, aber auch negativ beeinflussen
- Modelllernen: „Abschauen“ von Selbstwirksamkeit bei einer als ähnlich empfundenen Person
- Eigene Erfahrungen: für die Zielerreichung war Anstrengung nötig, Misserfolge können allerdings einen negativen Effekt haben

In der vorliegenden Studie machten die Beteiligten hauptsächlich Aussagen über ihre Erfahrungen in den beiden Ebenen der sozialen Überzeugung und des Modelllernens.

2.5.2. Soziologische Perspektive

Hartmut Rosa sieht dieses Konzept vor allem im Hinblick auf die kollektive Selbstwirksamkeitserwartung als wesentlichen Baustein für seine Resonanztheorie, denn die „‘positive‘ Wirkung von Selbstwirksamkeitserwartung“ (Rosa 2020, S. 274, Herv. im Original) geht von ihrer „resonanz- und beziehungsstiftenden Qualität aus“ (ebd.). Kollektive Selbstwirksamkeitserwartung ist im Zusammenhang mit der vorliegenden Studie von besonderem Interesse: Zum einen sind Gruppenangebote, wie schon im Kapitel 2.1 angedeutet, für die Jugendverbandsarbeit ein wesentliches Element der Kinder- und Jugendarbeit. Denn sie beinhaltet vor allem die Arbeit mit Peer-Gruppen, deren Mitglieder, in Analogie zu Rosa, sich einen gegenseitigen Resonanzraum zur Verfügung stellen. Zum anderen ist beziehungsorientierte Kinder- und Jugendarbeit als Konzept etabliert, die eine Resonanz zwischen Pädagog:innen und Adressat:innen sucht. Kollektive Selbstwirksamkeitsüberzeugung bedeutet dabei: „In Formen des gemeinsamen Handelns machen Individuen nicht nur die Erfahrung sozialer Resonanzbeziehungen, in denen sie sich wechselseitig erreichen, antworten und verstärken, sondern sie erleben ihre Fähigkeit, *etwas* erreichen und bewegen zu können, mithin also gleichsam *weltwirksam* zu sein“ (Rosa 2020, S. 275, Herv. im Original). In Anlehnung an Arendt argumentiert Rosa weiter, dass nicht nur die Resonanztheorie, sondern auch das darin sichtbare Konzept der (kollektiven) Selbstwirksamkeitserwartung für Demokratieprozesse nicht nur eine Form von „welttransformierender“ sondern „welterzeugender“ Qualität haben – somit wird „demokratische Politik“ zu einer „Resonanzsphäre“, in der „prozesshaftes Antworten, Bewegung und Berührung“ vorherrschen (Rosa 2020, S. 368 f.).

Als Ergänzung zu diesen Gedanken von Selbstwirksamkeit entwickeln Wesche und Rosa in Ableitung des Verständnisses der Gemeinwohlökonomie ein Konzept einer demokratischen Wirtschaft, die gesellschaftliche Beteiligungsprozesse unter dem Aspekt des „Anteilhabens" fokussiert. Hierbei steht in der Form eines Demokratiekreationsprozesses nicht das Ziel im Mittelpunkt, Anteile zu erwerben (im Sinn eines Besitzstandes), sondern Eigentümer oder Anteilseigner des Gemeinwesens (des *demos*) zu sein und dieses dann aus Eigeninteresse zu gestalten: „Eine wirtschaftsdemokratisch verfasste Eigentumsgesellschaft konstituiert gegenüber der besitzindividualistischen Gesellschaft eine differente Form der Weltbeziehung, die durch das Wechselspiel zwischen der kollektiven Sorge von Miteigentümern einerseits und der Erfahrung von Selbstwirksamkeit andererseits bestimmt ist" (Wesche/Rosa 2018, S. 258). Diese Erfahrung der Eigentümerschaft (also des Besitzes aller) erhöht „die demokratische Erfahrung der Selbstwirksamkeit und damit die Bereitschaft zur politischen Partizipation" (ebd., S. 256). Ob sich dieses Verständnis einer Wirtschaftsdemokratie durchsetzen kann, kann im Rahmen dieser Veröffentlichung nicht vertieft diskutiert werden (es besteht noch großer Forschungsbedarf und es ist noch viel „kollektive kreative Imagination" nötig), aber zielführend ist für den hier geführten Diskurs, dass „Eigentümerschaft die Wahrnehmung von Deliberation als Prozess der sozialen Kooperation" (ebd. S. 257) befördert. Denn die Frage der „Ownership" ist in vielen sozialen Prozessen und Projekten eine zentrale Frage, sofern Empowerment und Partizipation zentrale Haltungen der Akteur:innen sind. Von Wesche und Rosa wird Eigentum dabei nicht im übertragenen Sinn verstanden, sondern als wirtschaftlich messbaren Faktor, der jedem:r zusteht. Dies hat zur Folge:

> „Ohne die Hintergrundgeräusche informeller Einflussnahmen am einen Ende und antizipierter realpolitischer Wirkungslosigkeit am anderen Ende des ökonomischen Spektrums machen Beteiligte die Erfahrung, dass ihre Stimme in der Meinungs- und Willensbildung gehört wird und dass sie etwas bewirken können. Diese Erfahrung von Selbstwirksamkeit stimuliert wiederum die Bereitschaft, sich an der gemeinsamen Meinungs- und Willensbildung argumentativ zu beteiligen. Wenn Argumente sich auszahlen und nicht durch informelle Einflussnahmen ausgestochen werden, dann wächst auch die Bereitschaft, begründete Überlegungen in die öffentliche Debatte einzubringen. Die Bereitschaft zur unvoreingenommen Verständigung wird somit gestärkt durch die demokratische Erfahrung, dass man in politischen Entscheidungen nicht nur unmittelbar adressiert wird, sondern an

ihnen auch als handelndes Subjekt beteiligt ist.“ (Wesche/Rosa 2018, S. 255)

2.5.3. Sozialpädagogische Perspektive

Das Konzept der Selbstwirksamkeit wurde in der Pädagogik zunehmend in den Bereichen Gesundheitsförderung und schulisch-pädagogischer Arbeit verankert. Es ist aber festzustellen, dass dieses Konzept in der Sozialen Arbeit bisher wenig fruchtbar gemacht wurde. Dies ist umso erstaunlicher, als sich beispielsweise Soziale Gruppenarbeit als Methode etabliert hat, aber die mit ihr in Zusammenhang stehende Wirksamkeitserwartung einer Gruppe hierfür wenig in den Blick genommen wurde: „Eine Gruppe, deren Mitglieder Vertrauen in die Teamressourcen haben können, entwickelt auch eine optimistische Auffassung von der Bewältigung zukünftiger stressreicher Ereignisse, die die ganze Gruppe betreffen. Die kollektive Selbstwirksamkeit sollte also einen Einfluss darauf haben, welche Ziele sich Gruppen setzen, wie viel Anstrengung sie gemeinsam in ein Projekt investieren und wie viel Widerstand sie leisten, wenn Barrieren auftreten“ (Schwarzer/Jerusalem 2002, S. 41). Für die vorliegende Studie setzen wir das Konzept nur skizzenhaft in den Zusammenhang mit dem zentralen Begriff der Partizipation.

Stephan Maykus weist in seinem Konzept einer kommunalen Sozialpädagogik dem Element Selbstwirksamkeit einen wichtigen Platz zu: In der Überwindung von Entfremdungsvorgängen (hier verstanden als Verhinderung von Aneignung oder Resonanz) wird die Welt durch Beziehungen für das Individuum verfügbar. In Anlehnung an Seligman sieht er ein „Zusammenspiel mehrerer Elemente, die zu menschlichem Wohlbefinden beitragen: Positive Emotionen, Beziehungen, Engagement, Sinn und Zielerreichung, was in ihrer Wechselwirkung zu umfassender Selbstwirksamkeit führt“ (Maykus 2017, S. 123). In seinen Ausführungen bleibt zwar die Abgrenzung zu dem von ihm verwendeten Begriff der Selbstverfügbarkeit unscharf. Deutlich wird aber, dass in einem sozialpädagogischen (kommunalen) Kontext der Kinder- und Jugendarbeit die „Schaffung von Orten der Partizipation und des Engagements“ eine „grundsätzliche Aufgabenstellung“ – also nicht verhandelbar – ist und somit zu einem wesentlichen Teil der Demokratiebildung beiträgt (Maykus 2017, S. 145). Dies zeigt, wie sehr die Begriffe Partizipation, Demokratie(bildung) und Selbstwirksamkeit miteinander verbunden sind. Für Straßburger und Rieger münden gelungene sozialarbeiterische und pädagogische Beteiligungs-Prozesse in Selbstwirksamkeitserfahrungen: „Erfolge, die Menschen dadurch [Partizipationsprozesse, d.Verf.] erzielen, steigern das Vertrauen in die Selbstwirksamkeit“ (2014, S. 240). Aus Sicht der Autoren ist das Ergebnis von gelingenden Teilhabe- und Beteiligungsprozessen – egal welcher Adressat:innengruppe – eine Steigerung der Selbstwirksamkeitserwartung und damit verbunden die Motivation, sich in Diskussionen gesellschaftlicher Problemlagen einzubringen und somit gesellschaftliches Leben mitzubestimmen. Wenn dies gelingt, wäre der gesetzliche Auftrag der Kinder- und Jugendarbeit erfüllt, Kinder und Jugendliche durch die Erfahrungen demokratischer Partizipation zu gesellschaftlicher Mitverantwortung und zu sozialem Engagement anzuregen und hinzuführen.

3. Partizipative Forschung in der Jugendverbandsarbeit

Nach der Darstellung der theoretischen Grundlagen dieser Studie, erläutern wir im Folgenden das methodische Vorgehen. Dazu wird zunächst die Forschungslage skizziert und die daraus resultierende Forschungslücke benannt, die diese Studie zu füllen sucht (Kap. 3.1). Die Studie ist partizipativ angelegt und beruht auf der Handlungspausenforschung, die zunächst theoretisch, dann forschungspraktisch dargestellt wird (Kap. 3.2). Es folgen Ausführungen zum Sample auf zwei Ebenen: der Ebene der teilnehmenden jungen Menschen (Kap. 3.3) und der Ebene der untersuchten Jugendverbände (Kap. 3.4).

3.1 Forschungsstand

Die Erziehung junger Menschen zu Selbstbestimmung und gesellschaftlicher Mitverantwortung ist gesetzlicher Auftrag der Jugendverbandsarbeit (§§ 11 und 12 SGB VIII) und entspricht dem formulierten Selbstverständnis der Jugendverbände als „Werkstätten der Demokratie" (DBJR 2011; DBJR 2021). Obwohl dieses Selbstverständnis der Jugendverbandsarbeit seit langem in vielen Publikationen des Deutschen Bundesjugendrings oder einzelner Verbände auftaucht und auch mit konkreten Umsetzungsparadigmen verbunden wird, fehlt es weiterhin an empirischer Forschung, die die Demokratiepraxis in Jugendverbänden untersucht (Deutscher Bundestag 2020, S. 365).[2]

Blickt man zunächst auf die Anzahl der jungen Menschen, die in Jugendverbänden aktiv sind, zeigt sich die Relevanz dieses oft vernachlässigten Bildungsortes. Allerdings liegen keine verlässlichen Daten dazu vor, wie viele Kinder und Jugendliche Mitglied in einem Jugendverband sind, u.a. auch deshalb, weil die Abfrage in den einschlägigen Jugendstudien sehr uneinheitlich und zum Teil auch unscharf erfolgt. Der 16. Kinder- und Jugendbericht kommt unter Rückgriff auf die aktuelle Shell-Jugendstudie sowie den AID:A-Jugendsurvey auf einen Anteil von 70 Prozent Kindern und Jugendlichen zwischen zwölf und 17 Jahren, die Mitglied in

2 Für einen Überblick zur Forschung zur Jugendverbandsarbeit vgl. Oechler/ Schmidt 2014.

einem Verein (inkl. Sportvereine) sind und immerhin noch 51 Prozent im Alter von 18 bis 32 Jahren (Deutscher Bundestag 2020, S. 378).[3]

Noch schwieriger als die quantitative Datenlage ist die qualitative. Laut der aktuellen Sinus-Jugendstudie beklagen Jugendliche die „fehlende Teilhabe der jungen Generation an politischen Entscheidungsprozessen sowie die mangelnde Repräsentation von Jugendlichen im politischen Raum" (Calmbach/Flaig/Edwards 2020, S. 444). Nach der Partizipation in Vereinen und Verbänden wurde nicht explizit gefragt, Mitbestimmungsmöglichkeiten in der Schule sind aus Sicht der meisten befragten Jugendlichen jedoch „nicht vorhanden" (ebd., S. 275). Ein Ergebnis, das auch die Autor:innen der Juco-Studien zur Situation von jungen Menschen während der Corona-Pandemie bestätigen: „Die Ergebnisse der JuCo-Studien zeigen klar auf, dass sich junge Menschen während der Corona-Zeit nicht ausreichend gehört fühlen und dass sich diese Befunde zwischen der ersten und der zweiten Erhebungswelle noch verschärft haben" (Andresen et al. 2021, S. 14). Gleichwohl ist das Interesse junger Menschen an politischen Themen und ihre Bereitschaft, sich für diese Themen gesellschaftlich einzusetzen, in den vergangenen Jahren gestiegen (Antes/Gaedicke/Schiffers 2020, S. 57; Albert et al. 2019, S. 49).

Für die Partizipation in Jugendverbänden stellen Gadow und Pluto (2014) in einer Auswertung der bis 2014 vorliegenden Studien fest, dass Partizipation und Mitbestimmung zwar konstitutive Elemente der Jugendverbandsarbeit sind, letztlich aber kaum Erkenntnisse dazu vorliegen, welche Gestaltungsoptionen Jugendliche wirklich haben und wie sie diese einschätzen. Benedikt Sturzenhecker (2014) stellt mit Blick auf die Forschungslage bis 2014 ein erhebliches Potenzial zur Demokratiebildung fest, welches jedoch nicht ausgeschöpft wird. Er sieht die Herausforderungen vor allem in der „Familiarisierung" der lokalen Vereine sowie in ihrer mangelnden demokratischen Praxis und formuliert zusammenfassend: „Jugendverbandsarbeit erzeugt demokratische Kompetenzen, aber noch nicht unbedingt Demokraten" (Sturzenhecker 2014, S. 231). Eine Gefahr sei darüber hinaus auch in der Differenzierung der Jugendverbandsarbeit und der Abkoppelung der Jugendgruppen an der Basis von den überregionalen Verbänden auszumachen. Während in den lokalen Basisgruppen noch weitgehend verständigungsorientiert gehandelt werden könnte, müssten sich deren Dachverbände auf regionaler oder nationaler Ebene zielorientiert-strategisch an das System anpassen, um mit Verwaltung und

3 Für einen Überblick zu den Mitgliedszahlen in verschiedenen Jugendstudien vgl. Ahlrichs 2019.

Politik um Geld und Macht zu verhandeln (ebd., S. 228). Er fordert deshalb, „die Demokratiepraxis in den lokalen Jugendvereinen auszuweiten und auch die überregionalen Dachorganisationen wieder stärker auf diese Bindung an ihre demokratische Basis zu orientieren" (ebd., S. 235).

Für Sportvereine konnte nachgewiesen werden, dass sich Jugendliche zwar Partizipationsmöglichkeiten wünschen, ihnen diese aber nur selten eingeräumt werden bzw. ihnen die Mitentscheidung bei bestimmten Themen nicht zugetraut wird (Bahlke et al. 2007; Nagel 1998). Auch Wibke Riekmann (2011) stellt in ihrer Untersuchung zum demokratischen Selbstverständnis in vier Hamburger Jugendverbänden fest, dass alle befragten Jugendverbände ihr Potenzial für demokratische Bildung zu wenig ausschöpfen, weil es ihnen kaum bewusst ist. Sie arbeitet heraus, dass die Vereinskriterien im Hinblick auf demokratische Bildung in den von ihr befragten Jugendverbänden zu wenig reflektiert werden.

Bernadette Grawe (2002) untersuchte die Diözesanversammlungen des Bundes der Deutschen Katholischen Jugend in Paderborn, um herauszufinden, wie die innerverbandliche Demokratie eines Jugendverbands funktioniert und auf welche Art und Weise gemeinsame Entscheidungen getroffen werden. Sie resümiert: „Insofern kann man in den hier untersuchten verbandlichen Konferenzen wertvolle Lernorte für Konsens- und Entscheidungsfindung in unserer Gesellschaft sehen. Die Konferenzen ermöglichen den jungen Erwachsenen, ihre eigenen Verbände als gesellschaftlich anerkannte Organisation zu verstehen, zu gestalten und weiter zu entwickeln. Hier geht es nicht um ‚Simulation', sondern um die ernsthafte, interessengesteuerte und folgenreiche Gestaltung und Aufrechterhaltung der eigenen jugendverbandlichen Arbeit" (Grawe 2002, S. 301 f.). Dies sei jedoch von einer längeren Verweildauer der Jugendlichen im Verband abhängig.

Eine Studie zur Jugendverbandsarbeit in Baden-Württemberg (Ahlrichs 2019) bestätigt, dass Elemente demokratischer Bildung in den befragten vierzehn Jugendverbänden unterschiedlicher weltanschaulicher Prägung vorhanden sind. Doch auch hier wird deutlich, dass das Potenzial bislang zu wenig ausgeschöpft wird. Auf der Grundlage von Aussagen hauptamtlicher Jugendbildungsreferent:innen konnten drei Idealtypen herausgearbeitet werden, die unterschiedliche Verständnisse von Demokratiebildung zeigen. Zwei dieser Typen bieten nur eingeschränkte Möglichkeiten der Aneignung von Demokratie, entweder in den Gremien (Demokratie als Regierungsform) oder auf der Ebene der Jugendgruppen (Demokratie als Lebensform). Die jeweils andere Ebene bleibt Kindern und Jugendliche aus unterschiedlichen Gründen verwehrt.

Der 16. Kinder- und Jugendbericht kritisiert zu Recht, dass die Perspektive bisheriger Forschung zur Demokratiebildung im Jugendverband stark auf die strukturelle bzw. institutionelle Sicht gerichtet war und nur wenig empirische Erkenntnisse dazu vorliegen, „inwiefern durch das Engagement in Jugendverbänden Bildungsprozesse angestoßen, Kompetenzen erworben und politisches Engagement angeregt" (Deutscher Bundestag 2020, S. 381) werden. Eine der wenigen Studien in diesem Bereich stellt fest, dass sich junge Menschen, die sich u.a. in Jugendverbänden engagiert haben, auch später gesellschaftlich engagieren. Dieses Engagement ist besonders ausgeprägt bei denjenigen, die in ihrer Jugend verantwortungsvolle ehrenamtliche Tätigkeiten und Funktionen übernommen hatten (Düx et al. 2009).

Der Überblick über die bisherige Forschungslage demonstriert das besondere Potenzial der Jugendverbandsarbeit zur Demokratiebildung. Gleichzeitig wird aber auch deutlich, dass die Demokratie als Praxis der Aneignung durch junge Menschen und daraus resultierende Selbstwirksamkeitserwartungen ein bislang vernachlässigtes Forschungsfeld sind. Hier setzt die vorliegende Studie an.

3.2 Forschungsmethodik

Die partizipativ angelegte, qualitative Studie konfrontiert den Anspruch und das Potenzial der drei befragten Jugendverbände mit dem Erleben Jugendlicher und junger Erwachsener, die sich in den Strukturen und Projekten der Jugendverbände engagieren. Ziel der empirischen Untersuchung ist es, die demokratischen Erfahrungen junger Menschen im Jugendverband zu erheben und mit ihnen über Weiterentwicklungsmöglichkeiten zu diskutieren. Die Studie zielt damit auf die Rekonstruktion und Reflexion der Aneignung von Demokratie in Jugendverbänden und ihr Entwicklungspotenzial als Orte gelebter Demokratie im Kontext gesellschaftlicher und institutioneller Veränderungsprozesse.

Die Leitfrage der Studie lautet: Wie eignen sich junge Menschen Demokratie in der Jugendverbandsarbeit an? Um den Forschungsprozess selbst möglichst partizipativ zu gestalten, wird methodologisch auf die Handlungspausenforschung (Ahlrichs 2019; Richter et al. 2003; Richter 2020) zurückgegriffen. Das Ziel der Handlungspausenforschung ist, den Forschungsgegenstand nicht nur zu beschreiben, sondern „darüber hinaus eine explizit pädagogische Vorgehensweise zu ermöglichen" (Richter et al. 2003, S. 52). Der Forschungsprozess selbst wird zu einem Prozess demokratischer Bildung, indem mit jungen Menschen über Demokratieverständnisse und -erfahrungen diskutiert wird und die Befragten soweit wie möglich in den Forschungsprozess einbezogen werden.

Im Folgenden stellen wir zunächst die Handlungspausenforschung vor und ordnen sie methodologisch in das Feld partizipativer Forschung innerhalb der Sozialen Arbeit ein (Kap. 3.2.1). In einem zweiten Schritt stellen wir das konkrete Vorgehen innerhalb dieses Forschungsprojektes vor (Kap. 3.2.2).

3.2.1 Handlungspausenforschung als partizipativer Forschungsansatz

So wichtig Partizipation als Grundprinzip der Sozialen Arbeit ist, so wenig wird sie bislang in der empirischen Forschung in der Sozialen Arbeit realisiert: „Insgesamt befindet sich die Mehrzahl der Forschung in der Sozialen Arbeit im Mainstream der Sozialwissenschaft, in der die Beforschten (z.B. Adressaten:innen) als eine Gruppe angesehen werden, die Daten ‚liefert', aber in den Prozess ihrer Verarbeitung, Interpretation und Auswertung nicht einbezogen wird, bezogen auf den Forschungsprozess keine Stimme hat und keine Entscheidungsmacht besitzt" (Eßer et al. 2020, S. 5). Partizipative Forschung beschreibt den Versuch, diese Objektivierung von Menschen zu überwinden, die Anliegen derjenigen, die beforscht werden, ernst zu nehmen und ihnen Beteiligungsmöglichkeiten innerhalb der Forschungspraxis zu eröffnen.

Eßer et al. plädieren für ein Verständnis von partizipativer Forschung, „welches die reflektierte und machtsensible Gestaltung von Beteiligungs- und Entscheidungsstrukturen bei der Planung und Realisierung von Forschung in den Mittelpunkt rückt" (2020, S. 6). Partizipative Forschung wäre dann realisiert, wenn folgende Bedingungen (gleichzeitig) erfüllt sind (ebd.):

- Im Forschungsprozess wirken Menschen mit, die nicht zum klassischen Wissenschaftsbetrieb gehören.
- Alle am Forschungsprozess Beteiligten informieren sich wechselseitig über Anliegen und Interessen in Bezug auf die Forschung. Die Verbreitung und Nutzung der Ergebnisse wird transparent kommuniziert und diskutiert.
- Die Entscheidungsmacht wird transparent kommuniziert, insb. im Hinblick darauf, wer an welchen Entscheidungen im Verlauf des Forschungsprozesses beteiligt ist.

Eine solche partizipative Forschung ist insbesondere in der Sozialpädagogik umzusetzen, da beide Bereiche „Wahlverwandtschaft“ (Eßer et al. 2020, S. 8) verbindet. Diese beruht auf dem jeweiligen Bildungsansatz. Denn in der Reflexion der Machtasymmetrien im Forschungsprozess, aber auch in der methodisch geleiteten Bearbeitung eines gemeinsamen Themas liegt ein großes Potenzial für die Eröffnung von Bildungsprozessen bei allen an der Forschung Beteiligten. Dieses Potenzial wird zunehmend in empirischen Forschungsprojekten in der Kinder- und Jugendarbeit genutzt.

Der wechselseitige Bildungsprozess aller Beteiligten wird in der sozialpädagogischen Forschungsmethode der Handlungspausenforschung (Richter et al. 2003) konzeptionell verankert. Die Handlungspausenforschung ist Ende der 1980er Jahre im Rahmen eines Forschungsprojekts an der Universität Hamburg entwickelt worden (Richter 2020, S. 63). Sie war inzwischen methodische Grundlage mehrerer Studien und Dissertationsprojekte (Ahlrichs 2019; Coelen 2002; Peters/Mohr/Coelen 1998; Richter/Lehmann/Sturzenhecker 2017; Riekmann 2011).

Der Rückgriff auf die Handlungspausenforschung im vorliegenden Forschungsprojekt folgt dem Anspruch, demokratische Partizipation im Jugendverband nicht nur als Forschungsgegenstand zu behandeln, sondern den Forschungsprozess selbst möglichst dialogisch-partizipativ zu gestalten. Daraus resultiert das methodische Ziel, „wechselseitige Bildungsprozesse zu ermöglichen und dafür den gesamten Forschungsprozess, also Datenerhebung, Datenauswertung und Datenverwendung, partizipativ auszugestalten“ (Richter 2020, S. 65). Das bedeutet, nicht nur das Vorwissen des Forschungsteams offenzulegen und damit in den Gesprächen Bildungsprozesse anzuregen, sondern auch bei der Validierung der erhobenen Daten und ihrer Interpretation die Beforschten miteinzubeziehen. Zudem geht es darum, die Forschungsergebnisse an das Forschungsfeld zurück zu vermitteln.

Neben der systematischen Auswahl der an der Forschung Teilnehmenden nach inhaltlichen Kriterien, ist das gemeinsame Interesse von Forschenden und Beforschten an der Forschungsfrage von entscheidender Bedeutung für einen pädagogischen Prozess. Es geht jedoch nicht um eine Aktivierung der Beforschten zum politischen Handeln, sondern um die Diskussion einer gemeinsamen, als problematisch erkannten gesellschaftlichen Fragestellung. Dafür steht der Begriff „Handlungspause“ (Richter et al. 2003, S. 54), als eine vom unmittelbaren Handlungsdruck entlastete verständigungsorientierte Kommunikation.

Zentrales Anliegen der Handlungspausenforschung ist es, durch die gemeinsame Fragestellung eine diskursive Verständigung zu ermöglichen.

Die Gruppendiskussionen, die im Rahmen des vorliegenden Forschungsprojektes geführt wurden, schließen insofern an die dargestellte Diskurstheorie nach Habermas an, indem die Gespräche auf der Grundlage der wechselseitigen gleichberechtigten Anerkennung der Gesprächspartner:innen beruhen und in dem herrschaftsfreien Diskurs kein Zwang außer dem des besseren Arguments herrscht. Allerdings werdend dabei die unterschiedlichen Ausgangsbedingungen der Gesprächspartner:innen berücksichtigt, die sich nicht nur aus unterschiedlichem Stand des Vorwissens, sondern auch aus unterschiedlichen Interessenlagen ergeben. Da die Beforschten als Expert:innen ihrer Lebenswelt anzusehen sind und sie im gesamten Forschungsprozess ihren Subjektstatus behalten, bezeichnen wir sie im Folgenden als „Co-Forschende“ (Alisch 2021).

Datenerhebung

Wechselseitig anerkannter Subjektstatus
- Ermittlung einer gemeinsamen Fragestellung
- Diskussion von Argumenten in der „Handlungspause“
- Evtl. Diskurs unter Anleitung: „pädagogischer Diskurs“

Datenauswertung

Objektivierendes Element
- Transkription der Diskussionen

Wechselseitig anerkannter Subjektstatus
- Kommunikative Validierung durch Co-Forschende

Objektivierendes Element
- Auswertung der validierten Transkripte

Wechselseitig anerkannter Subjektstatus
- Argumentative Validierung durch Co-Forschende

Datenverwendung

Wechselseitig anerkannter Subjektstatus
- Gesprächsangebote auf der Grundlage der Auswertung
- Motivieren von öffentlichen Diskursen
- Vermittlung der Ergebnisse in die wissenschaftliche Fachöffentlichkeit

Abbildung 1: Schematischer Ablauf der Handlungspausenforschung (in Anlehnung an Richter et al. 2003, S. 13)

3.2.2. Forschen unter Corona-Bedingungen

Die vorliegende Studie entstand überwiegend im Jahr 2021. Dieses war geprägt durch die weltweite Corona-Pandemie mit Auswirkungen auf nahezu alle Bereiche der Gesellschaft (vgl. für die Soziale Arbeit Lutz/Steinhaußen/Kniffki 2021). Auch die vorliegende Studie musste forschungsmethodisch mehrfach angepasst werden. So waren ursprünglich alle Gruppengespräche des Forschungsprojektes als Präsenz-Diskussionen geplant. Aufgrund der mit der Corona-Pandemie einhergehenden Einschränkungen, mussten die Gruppendiskussionen der ersten Erhebungsphase vollständig als Videokonferenzen geführt werden. Dieses Verfahren hat sich während der Pandemie in der qualitativen Forschung etabliert (Dröge 2020; Gray et al. 2020). In der zweiten Erhebungsphase gab es dann eine Mischung aus Präsenz- und Online-Formaten. Die folgenden Ausführungen dokumentieren die Erfahrungen mit der empirischen Forschung unter Corona-Bedingungen.

3.2.2.1 Vor- und Nachteile einer Online-Forschung

In diesem Forschungsprojekt konnte der Wechsel von einer Präsenz-Gruppendiskussion hin zu einer Online-Variante recht einfach durchgeführt werden. Das Team war mit den entsprechenden Programmen vertraut und ausgestattet und auch die Teilnehmenden hatten die entsprechende Ausstattung und waren durch ihre beruflichen oder studentischen Erfahrungen an diese Form der Kommunikation gewöhnt. Bei anderen Forschungsvorhaben könnte sich daraus eine Hürde ergeben – sowohl was die technischen Fähigkeiten als auch die Ausstattung der Forschungsbeteiligten angeht. Ein Vorteil in Bezug auf dieses Forschungsvorhaben war, dass Teilnehmende, die sonst nicht hätten dabei sein können (bspw. wegen eines Studienortes im Ausland), sich nun ohne Probleme in das Forschungsvorhaben einbringen konnten. Genauso wurde von den jungen Teilnehmenden geschätzt, dass die Anreisezeit entfiel – auch wenn die Diskussionsorte dezentral in Baden-Württemberg geplant waren.

Als Nachteil wurde eindeutig die fehlende Zeit für Begegnungen und Vernetzungen empfunden. Dies zeigte sich bspw. am Abschluss der Gruppendiskussionen in Präsenz, in denen informelle Gespräche zu einem (thematischen) Mehrwert beitrugen und neue Kontakte ermöglichten. Hier fand das Forscherteam kein geeignetes Format, um mit den Teilnehmenden im Online-Format entsprechend zu interagieren. Im Verlauf der verschiedenen Gruppendiskussionen wurde deutlich, dass das Forschungsvorhaben inhaltlich zwar keinen Abbruch durch das Online-Format erlitt, aber eine wechselseitige Diskussion im Sinn eines Interagierens und Erarbeitens als Gruppe im digitalen Raum schwieriger ist als in einem Präsenz-Treffen. Dies wurde in den Abschlussrunden der argumentativen Validierung besonders deutlich – dort konnten zwei Treffen online und zwei in Präsenz gestaltet werden – der interaktive Diskussionsverlauf und die Qualität der Entwicklung des Themas durch die verbandsheterogen besetzten Gruppen war bei den Präsenz-Treffen deutlich höher als in den Online-Treffen.

3.2.2.2 Ablauf der qualitativen Forschung

Nachfolgend werden detailliert die einzelnen Elemente und Schritte der qualitativen Forschung beschrieben. Wo geschehen, werden auch Anpassungen benannt, die das Forschungsteam vorgenommen hat, um online forschen zu können. Das Sampling wird in Kap. 3.3 dargestellt.

Der Leitfaden wurde zum einen aus dem Forschungsauftrag abgeleitet und anhand des praktischen und theoretischen Vorwissens des Forschungsteams formuliert. Hierzu wurden Themenblöcke benannt, die dann in Leitfragen konkretisiert wurden. Der so erarbeitete Leitfaden wurde in einer ersten Gruppendiskussion getestet. Hierbei wurde deutlich, dass es einen partizipativen und interaktiven Einstieg in die Gruppendiskussionen braucht. Die bereits entwickelte Eingangsfrage „Worüber müssen wir sprechen, wenn wir über Demokratie in eurem Jugendverband sprechen?" wurde daraufhin als Einstieg in den Abend auf einem interaktiven Whiteboard online durch die Diskussionsteilnehmenden beantwortet (vgl. Abb. 2). So konnte gewährleistet werden, dass Forschende und Co-Forschende eine gemeinsame Fragestellung für den Abend haben. Die genannten Themen wurden gemeinsam strukturiert und nach und nach diskutiert. Das Whiteboard blieb den ganzen Abend offen, somit konnten alle Teilnehmenden sehen, welche Themen schon bearbeitet waren und welche nicht. Die von den Co-Forschenden eingebrachten Themen deckten sich zwar größtenteils mit den Themen des Leitfadens, ergänzten diesen aber an einigen Stellen auch deutlich. Somit wurde neben einem aktivierenden Element des Diskussionseinstiegs gleichzeitig ein partizipatives Element in die Forschung selbst eingebracht: Die Jugendlichen bestimmten die Agenda des Abends mit und konnten verfolgen ob und wie ihre Themen bearbeitet wurden.

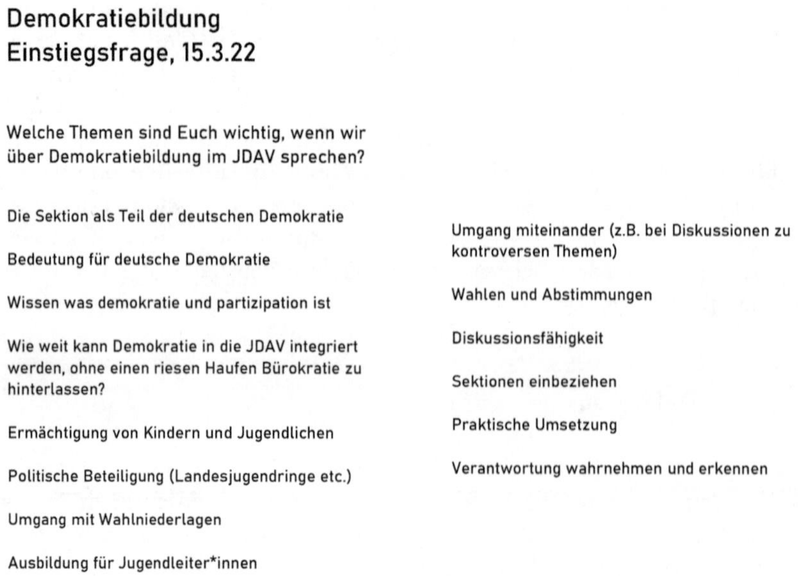

Abbildung 2: Einstiegsfrage für die Gruppendiskussion mit Themenfokussierung durch Teilnehmende (Beispiel)

Im Anschluss an die Diskussionen wurde das Datenmaterial transkribiert[4] und als anonymisiertes Transkript an die Co-Forschenden zur kommunikativen Validierung zurückgegeben. Die Gesprächspartner:innen hatten zwei bis drei Wochen Zeit, um die anonymisierten Transkripte zu lesen und mit ihren Anmerkungen an das Forschungsteam zurückzugegeben. Es wurden nur wenige Korrekturen seitens der Co-Forschenden vorgenommen – sie lagen oft im grammatikalischen Bereich, manche nahmen kleine inhaltliche Ergänzungen vor.

Zur Datenauswertung wurde ein inhaltsanalytisches Vorgehen gewählt (Mayring 2017). Die Datenauswertung wurde im Forschungsteam mittels der Software MaxQDA vorgenommen. Zunächst entstanden ausführliche Demokratiebildungs-Profile der beteiligten Jugendverbände. Um die unterschiedlichen Gruppendiskussionen vergleichen zu können, wurde dann ein Kategoriensystem entwickelt. Berücksichtigt man dabei das Prinzip der

4 Die in dieser Publikation genutzten Zitate aus den Transkripten wurden zu Gunsten besserer Lesbarkeit an die Rechtschreibungsregeln angepasst und Betonungshinweise / Hervorhebungen reduziert.

Offenheit, dürfen die Auswertungskategorien nicht nur im Vorfeld der Auswertung aus dem theoretischen Stand der wissenschaftlichen Diskussion formuliert werden, vielmehr führen die Aussagen der Co-Forschenden zwangsläufig zu weiteren Kategorien. Die aus der Theorie stammenden Kategorien wurden insofern zunächst recht allgemein formuliert und im Zuge der Auswertung präzisiert und verändert. Insgesamt rekonstruierte das Team 12 Kategorien und 34 Unterkategorien. Mit diesen wurden die Transkripte im Team gemeinsam analysiert, so wurde sichergestellt, dass das gesamte Team alle Texte kennt.

Zur gemeinsamen Interpretation der Ergebnisse mit den Co-Forschenden wurden im Zuge einer argumentativen Validierung abermals Gruppendiskussionen geführt, dieses Mal in Gruppen aus unterschiedlichen Jugendverbänden. Dabei wurden die Ergebnisse aus der ersten Erhebungsphase in Form von zehn Thesen mit den Co-Forschenden im Rahmen eines Workshops diskutiert. Die Gesprächspartner:innen hatten zwar nicht die Möglichkeit zur Korrektur in schriftlicher Form, wohl aber zur diskursiven Darstellung einer eigenen Interpretation. In diesen vier Gruppendiskussionen wurden dann die verschiedenen Sichtweisen und Erkenntnisse denen der Interpretation der Forschenden gegenübergestellt. Daraus entwickelte sich eine revidierte Fassung der bereits erstellten zehn Thesen.

	Vorbereitung	Datenerhebung			Datenauswertung		Datenverwendung
wann	Januar 2021	Februar 2021	März-April 2021	Mai 2021	Mai-Juli 2021	September-November 2021	Seit Dezember 2021
was	Leitfaden-Erstellung Sample-Bildung	Erste Gruppendiskussion mit Überarbeitung Leitfaden (Pretest)	Gruppen-Diskussionen mit gemeinsamer Fragestellung	Transkription Kommunikative Validierung	Qual. Inhaltsanalyse nach P. Mayring Ergebnis: Einzelprofile, 10 Thesen	Argumentative Validierung in vier Gruppen-diskussionen Ergebnis: revidierte Fassung der 10 Thesen	Vorträge und Diskussionen Publikationsvorbereitung Öffentlicher Fachtag
wer	Forschungsteam	Forschungsteam mit 7 Teilnehmenden	Insgesamt 35 Teilnehmende – nur online	Angebot an alle Teilnehmenden	Forschungsteam	14 Teilnehmende – online und Präsenz	Forschungsteam

Abbildung 3: Ablauf der Studie „Demokratiebildung in Jugendverbänden", eigene Darstellung

3.3 Sampling

Die Auswahl der zu befragenden Gruppen erfolgte in Anlehnung an das von Helfferich (2011, S. 173 f.) entwickelte dreistufige Verfahren zur Fallauswahl: Zunächst wird die zu befragende Gruppe präzisiert und damit eingegrenzt, z.B. auf eine Region oder eine bestimmte Alterskohorte. Im zweiten Schritt wird innerhalb dieser engen Gruppe maximal kontrastiert, d.h., es werden sowohl die typischen Vertreter:innen des Forschungsfeldes als auch die möglichst ungewöhnlichen oder abweichenden Vertreter:innen identifiziert. Im dritten Schritt wird geprüft, welche Konstellationen in der Stichprobe nicht erfasst wurden und über welche Gruppen folglich keine Aussagen gemacht werden können.

3.3.1 Auswahl der beteiligten Jugendverbände

Der erste Schritt war, die beteiligten Jugendverbände auszuwählen. Aus forschungspraktischen Gründen wurde zunächst eine regionale Eingrenzung auf das Bundesland Baden-Württemberg vorgenommen. Aus finanziellen und zeitlichen Gründen konnten nur drei Jugendverbände in dem Forschungsvorhaben beteiligt werden. Diese wurden unter nachfolgenden Kriterien für die Teilnahme an der Studie angefragt:

Das Evangelische Jugendwerk in Württemberg (EJW) ist der größte konfessionelle Jugendverband und war als Jugendverband der auftraggebenden Evangelischen Landeskirche in Württemberg als Ausgangspunkt gesetzt. Somit war dieser Jugendverband der erste Fall zu dem weitere Jugendverbände kontrastierend gesucht worden sind. Als Kontrastierungen wurden Satzungen, Verbandsstrukturen oder die Binnenorganisation berücksichtigt, mit dem Ziel, weitere Perspektiven auf die Demokratiebildung in der Jugendverbandsarbeit zu erhalten.

Die Jugendorganisation des Landesverbandes Baden-Württemberg des Deutschen Alpenverein e. V. (JDAV) ist genauso wie das EJW ein flächendeckend aktiver Jugendverband – sie ist in allen Landkreisen in Baden-Württemberg vertreten und möchte neben Sportangeboten auch Bildung für einen verantwortlichen Umgang mit der Natur ermöglichen. Der Jugendverband befand sich zum Zeitpunkt der Identifikation der zu beteiligenden Jugendverbände am Ende eines Prozesses, der den lokalen Ortsgruppen (Sektionen) große strukturelle, inhaltliche und finanzielle Autonomie in der demokratischen Gestaltung ihrer Jugendarbeit ermöglichte.

Die Jugendorganisation des Bundes für Umwelt und Naturschutz Deutschland, Landesverband Baden-Württemberg e.V. (BUNDjugend) ist als Kontrastierung zu diesen beiden Fällen kein flächendeckend lokal organisierter Jugendverband. Sie hat aber im Gegensatz zu den anderen beiden Jugendverbänden explizit einen politischen Bildungsauftrag in ihrer Satzung formuliert.

Durch diese Mischung ergab sich eine Kontrastierung bezüglich der satzungsmäßig verankerten Ziele, der Strukturen der Organisationen und ihrer Konzepte. Alle beteiligten Jugendverbände sind dabei an einen „Erwachsenenverband“ angegliedert (minimaler Kontrast). Die Geschäftsführenden bzw. Vorstände aller angefragten Jugendverbände stimmten zu, sich an der Studie zu beteiligen.[5]

Im Anschluss daran wurde die Anzahl der möglichen Gruppendiskussionen anhand des zur Verfügung stehenden Etats berechnet und jugendliche Teilnehmende wie nachfolgend dargestellt gesucht.

3.3.2. Suche nach Co-Forschenden

In der geplanten Studie wurde das Sample zunächst auf diejenigen Menschen eingegrenzt, die sich aktiv ehrenamtlich in den drei ausgewählten Jugendverbänden engagieren. Damit wurde einerseits gewährleistet, dass es sich um aktuelle Erfahrungen innerhalb des Jugendverbands handelt, anderseits wird durch das ehrenamtliche Engagement eine längere und intensivere Bindung an den Jugendverband vorausgesetzt, als das beispielsweise bei einer einmaligen Freizeitenteilnahme der Fall wäre. Innerhalb dieser Kohorte wurden sodann möglichst unterschiedliche Gruppen gebildet.

Hierzu wurde für das EJW auf die Einteilung der Arbeitsfelder in der Studie „Jugend zählt“ (Ilg/Heinzmann/Cares 2015) zurückgegriffen: Kinder- und Jugendarbeit, z.B. Kindergruppen, Jugendgruppen, Offene Angebote; Sportaktivitäten; Freizeiten und Waldheime; Schulbezogene Kinder- und Jugendarbeit; Musikalische Arbeit mit Kindern und Jugendlichen; Kindergottesdienste; Konfirmandenarbeit; Internationale Arbeit. Neben dieser inhaltlichen Differenzierung der Arbeitsfelder erfolgte eine möglichst breite Kontrastierung der zu befragenden Gruppen durch die Variation von Altersgruppen, Regionen (Stadt, Land) und Ebenen (Ortsjugendwerk, Bezirksjugendwerk, Landesebene). Bei der Zusammenstellung der

5 Die beteiligten Jugendverbände werden in Kapitel 3.4. detaillierter vorgestellt.

Gruppen wurde auf Ressourcen des EJW zurückgegriffen: die Einladung zur Teilnahme an der Studie wurde über die Ansprechperson zur Förderung ehrenamtlichen Engagements im Jugendverband kommuniziert.

Auch bei der BUNDJugend und der JDAV erfolgte der Zugang zu den jungen Menschen über die Landesgeschäftsstellen und deren Bildungsreferent:innen. Auch dort wurden junge Menschen angefragt, die sich entweder auf Landesebene engagieren (z.B. landesweite Projekte, Vorstand), und / oder auf Orts- oder Projektebene aktiv sind. Wie geplant, wurden die Jugendlichen über die Geschäftsstellen der beteiligten Verbände im Januar 2021 gefragt, ob sie an der Diskussion teilnehmen würden. Die ersten Rückmeldungen waren sehr schleppend, so dass die Geschäftsstellenmitarbeitenden per Telefon noch einzelne Jugendliche in ihren Verbänden akquirieren mussten. Erschwerend kam hinzu, dass durch die Corona-Situation die Kontakte zu vielen Jugendlichen vor Ort geschwächt waren. Eine aktive Jugendarbeit war durch die *„Lock-downs"* seit Winter 2020 kaum möglich. Daher war die Motivation der Jugendlichen, sich ansprechen zu lassen und einzubringen, in allen Verbänden eher gering. Durch die Notwendigkeit dieser persönlichen Akquise waren die Geschäftsstellen auf ihre langfristigen, persönlichen Kontakte zu Jugendlichen angewiesen, was dazu führte, dass sich letztlich die meist „Hochaktiven" aus den jeweiligen Verbänden zur Beteiligung an den Gruppendiskussionen meldeten.

Den Co-Forschenden wurden dann Termine angeboten, zu denen sie neben Terminpräferenzen auch ihre Wünsche bezüglich Online- oder Präsenz-Treffen eintragen konnten. Durch die Verlängerungen der Kontaktbeschränkungen wurden letztlich alle Diskussionen online durchgeführt. Ein Pretest fand im Februar 2021 statt und wurde vom Forschungsteam gemeinsam geleitet und als Test des erarbeiteten Leitfadens genutzt. Im Anschluss wurden anhand des überprüften Leitfadens die Gruppendiskussionen einzeln moderiert[6]. An diesen verbandshomogenen Diskussionen nahmen jeweils zwischen drei und sieben junge Menschen aus dem jeweiligen Verband teil.

6 Dabei wurde darauf geachtet, dass Dr. Stefan Hoffmann keine Gruppendiskussion im EJW leitet, da er als Landesjugendreferent des Jugendverbands und gleichzeitig wissenschaftlicher Mitarbeiter des Forschungsprojektes ansonsten in einen Rollenkonflikt hätte geraten können.

3.3.3. Darstellung der teilnehmenden jungen Menschen

Nachfolgend wird die Zusammensetzung der Co-Forschenden anhand verschiedener Daten näher vorgestellt. Grundlage hierfür ist eine anonyme Abfrage der entsprechenden Daten, die vom Forschendenteam online über eine datensichere Plattform erstellt wurde. Sie wurde von den Beteiligten meist am Abend der Diskussion in der Wartezeit bis zum Eintreffen aller Diskutant:innen ausgefüllt.

Verband	**BUNDjugend**	**EJW**	**JDAV**
Anzahl der Teilnehmenden	9 Personen	15 Personen	11 Personen

Abbildung 4: Verteilung der Co-Forschenden nach Jugendverbänden

An den Gruppendiskussionen nahmen insgesamt 35 Jugendliche im Alter von 16-36 Jahren teil (vgl. Abbildung 4). Im Durchschnitt waren die Co-Forschenden bereits seit über sieben Jahren in ihrer jeweiligen Organisation engagiert, allerdings variieren die Engagementzeiten stark. Manche waren erst ein Jahr dabei, acht Personen engagierten sich seit mehr als zehn Jahren, eine davon 17 Jahre. Acht der Beteiligten waren in einem Vorstandsamt engagiert, neun der JDAV-Beteiligten waren Jugendleiter:in oder Landesjugendleiter:in – ein Amt, das einem Vorstandsamt ähnelt. Somit waren rund 50% der Beteiligten in einer vorstandsähnlichen Funktion in ihren jeweiligen Jugendverbänden engagiert.

Das Anliegen der Studie war, Menschen zu beteiligen, die sich aktiv ehrenamtlich in den drei ausgewählten Jugendverbänden engagieren. Der Fokus lag dabei darauf, insbesondere junge Menschen anzusprechen. Auf Grund der Corona-Situation wurde dann jedoch eine weitere Altersgrenze als Kriterium gesehen: In den beteiligten Jugendverbänden wurde kommuniziert, dass sich Personen zwischen 16 und 27 Jahren an der Studie beteiligen können. Bis auf eine Ausnahme (36 Jahre) bewegten sich alle Beteiligten in dem angegebenen Altersspektrum. Ihr Altersdurchschnitt lag bei 22,9 Jahren.

Verband	BUNDjugend	EJW	JDAV
Schüler:innen	1 Person		2 Personen
Studierende	7 Personen	7 Personen	7 Personen
FSJ / Ausbildung		3 Personen	1 Person
Berufstätige	1 Person	4 Personen	1 Person
Keine Angabe		1 Person	

Abbildung 5: Aktuelle Tätigkeiten der Co-Forschenden

16 der Teilnehmenden waren männlich, 19 weiblich. Sechs Co-Forschende waren berufstätig, vier Personen in Ausbildung oder in einem Freiwilligen Sozialen Jahr, drei waren Schüler:innen. 21 Co-Forschende studieren (vgl. Abbildung 5). 17 Teilnehmende, also knapp 50%, hatten eine Juleica-Schulung absolviert, diese verteilten sich jedoch sehr unterschiedlich auf die Verbände (vgl. Abbildung 6).

Verband	BUNDjugend	EJW	JDAV
Juleica Schulung abgeschlossen	3 Personen	12 Personen	2 Personen

Abbildung 6: Abgeschlossene Juleica-Schulungen der Co-Forschenden

3.4. Die beteiligten Jugendverbände

Nachfolgend werden die einzelnen Jugendverbände detaillierter vorgestellt. In der Vorstellung soll neben dem Auftrag und dem Wesen des Jugendverbands deutlich werden, wie durch seine Satzungen Mitglieder und Aktive den Verband gestalten können.

3.4.1. Die Jugend des Deutschen Alpenvereins (JDAV)

Die JDAV ist mit 67.776 Mitgliedern[7] der einzige im Landesjugendring vertretene Sport-Jugendverband, der neben seinem sportlichen Auftrag explizit einen pädagogischen Auftrag formuliert und beide miteinander vereint: „Die pädagogische Jugendarbeit [darf, d. Verf] nicht unter der

7 Alle hier angegebenen Zahlen sind Stand 31.12.2021.

leistungsorientierteren Nachwuchsförderung leiden".[8] In 51 Sektionen in Baden-Württemberg, das sind die lokalen Gruppen des DAV, betreuen rund 660 Jugendleiter:innen Kinder- und Jugendgruppen. Die Mitgliedschaft in der JDAV ist auf das Alter bis 27 Jahre begrenzt. Als Mitglied in der JDAV können Kinder und Jugendliche an der jährlichen Jugendvollversammlung in der jeweiligen Sektion teilnehmen. Von den jungen Mitgliedern wird dort in einer Vollversammlung ein:e Vertreter:in gewählt, der:die als sog. Jugendreferent:in die Interessen der Jugend im Vorstand der DAV Sektion vertritt. In der Vollversammlung wird auch der Jugendausschuss gewählt. Der:Die Jugendreferent:in muss volljährig sein, leitet die Sitzungen des Jugendausschusses und verantwortet letztlich die Jugendarbeit der Sektion wie bspw. die „Sicherstellung der Aus- und Fortbildung von Jugendleiter*innen" oder „die Bestellung von Jugend- und Gruppenleiter:innen" (§ 11 JDAV 2017b). Der Jugendausschuss hat geschäftsführende Aufgaben, unter anderem mit dem Ziel, die Sektionsjugendarbeit weiterzuentwickeln. Alle Sektionsjugenden sind in der landesweiten (und dann bundesweiten) Jugend des DAV vertreten, die wiederum, „die Interessen ihrer Mitglieder innerhalb der Jugend des Deutschen Alpenvereins und des Deutschen Alpenvereins sowie gegenüber Politik und Gesellschaft" (§ 2 JDAV 2019) vertritt.

Ziele der Jugendarbeit in der Sektion sind insbesondere (§ 2, Abs. 2 JDAV 2017b):

- die Förderung der Persönlichkeitsbildung junger Menschen;
- die Erziehung zu umweltbewusstem Denken und Handeln;
- die Vermittlung sozialer Verhaltensweise und Ermutigung zum Engagement;
- die Ausbildung zu einer verantwortungsvollen Ausübung des Bergsports;
- die Förderung der Chancengleichheit aller jungen Menschen und Eintreten für Geschlechtergerechtigkeit.

Somit ist in der Zielsetzung der Jugendarbeit primär kein demokratiebildendes, wohl aber ein gesellschaftlich verantwortungsbildendes Ziel enthalten. In der Umsetzung der Ziele findet sich aber die Aussage, dass „die Jugendarbeit innerhalb der Sektion [...] von der Sektionsjugend selbstorganisiert in eigener Verantwortung wahrgenommen" wird (§ 3 JDAV 2017b). Interessant ist, dass neben Vertretungselementen die „gemeinsame Willensbildung" (ebd.) in der Jugendvollversammlung als Umsetzungsmo-

8 Vgl. https://www.jdav-bw.de/page/vision [Abruf 03.04.2022]

dalität genannt wird, aber nicht benannt wird, wie es (methodisch) zu dieser Willensbildung kommt.

Die Struktur der Kinder- und Jugendarbeit und ihre Verankerung wurden 2019 durch einen Prozess auf der Bundesebene des JDAV weiterentwickelt und in einer neuen Mustersektionsjugendordnung im Jahr 2021 beschlossen. Diese tritt am 1. Januar 2023 in Kraft (JDAV 2022).

Das Verhältnis des Jugendverbandes des Deutschen Alpenvereins (DAV) zum Erwachsenenverband ist satzungsmäßig mit einer hohen Autonomie beschrieben: Die JDAV nimmt ihre Aufgaben auf „Sektions-, Landes- und Bundesebene im Rahmen der jeweiligen DAV-Satzung eigenständig und selbstorganisiert wahr" (§ 2 JDAV 2017a), wenn die Jugendarbeit im DAV auch „von der JDAV und dem DAV grundsätzlich gemeinsam verantwortet und durchgeführt" wird (ebd.).

3.4.2. Die BUNDjugend Baden-Württemberg (BUNDjugend)

Die BUNDjugend ist die Jugendorganisation des Bundes für Umwelt und Naturschutz Deutschland (BUND) Landesverband Baden-Württemberg e.V. und wird „eigenverantwortlich und selbständig tätig" (§ 1 BUNDJugend 2016). Sie entsendet eine:n Delegierte:n in den BUND Landesverband. Alle Mitglieder des BUND Landesverbandes unter 27 Jahren sind Mitglieder der BUNDjugend. An den Erwachsenenverband sind auch die Mitgliedsbeiträge zu bezahlen.

Die BUNDjugend Baden-Württemberg ist satzungsmäßig und vom eigenen Anspruch her der am deutlichsten politisch ausgerichtete der drei Verbände im Sample, da eine der Vereinsaufgaben ist, „ihren Aktiven und Mitgliedern Möglichkeiten zur Entwicklung zu kritischen – und dadurch politisch mündigen – Menschen" (§ 3, Abs. 2b BUNDJugend 2016) zu bieten. Dies geschieht zum einen in Form von lokalen Kinder- und Jugendgruppen und zum anderen durch landesweite Aktionsgruppen oder thematische Arbeitsgruppen. Die Mitgliedschaft endet mit dem 27. Lebensjahr. „Ziel der BUNDjugend ist, menschliches Leben und das anderer Lebewesen in einer intakten Umwelt dauerhaft zu sichern" (§ 3, Abs. 1 BUNDJugend 2016).

Die Satzung der BUNDjugend ermöglicht es, Gruppen von Aktiven zu bilden, das sind Arbeitskreise, die aus mindestens vier Personen bestehen müssen. Die Aktiven wiederum haben Zugang zum höchsten Gremium des Jugendverbandes, der Mitgliederversammlung. Dort können sie Anträge einbringen. Die Arbeitskreise bestimmen mindestens eine:n

Sprecher:in. In der Mitgliederversammlung werden die Landesjugendsprecher:innen gewählt, die maximal 25 Jahre alt sein dürfen. Sie sollen regelmäßig sogenannte Aktiventreffen einberufen und führen die Geschäfte des Verbandes. Aktivenförderung ist eine Hauptaufgabe aller Aktiven in der BUNDjugend – ebenso sich die Offenheit zu erhalten, dass „Neue" (BUNDJugend 2017) sich entwickeln können und neue Themen sich entfalten können (ebd.). Die Geschäftsstelle spielt dabei hauptsächlich eine vernetzende Rolle, sie soll thematische Bündelungen ermöglichen und zentrale Aktionen, Fortbildungen oder Kontaktaufgaben nach dem Willen der Aktiven bedarfsgerecht anbieten (ebd.).

Die Kinder- und Jugendgruppe ist ein Zusammenschluss von Kindern und Jugendlichen, die die „Satzung anerkennen und [bestätigen, dass] die neue Gruppe nicht in Konkurrenz zu einer bereits bestehenden Gruppe stehen wird" (§ 13 Abs. 1 BUNDJugend 2016). Die Kinder- und Jugendgruppen können gegründet werden, indem ein Protokoll der Gründungsversammlung an den Landesjugendvorstand geschickt werden soll.

In der BUNDJugend steht das Konsensprinzip als Mittel zur Willensfindung im Mittelpunkt (§ 5 BUNDJugend 2016). Dies unterscheidet die BUNDjugend von den anderen beiden Verbänden, in denen Abstimmungen und Mehrheitsbeschlüsse als Verfahren der Entscheidungsfindung benannt sind.

3.4.3 Das Evangelische Jugendwerk in Württemberg (EJW)

Die Evangelische Kirche ist laut § 75, Abs. 3 SGB VIII als freie Trägerin der Jugendhilfe anerkannt. Ähnlich wie bei Sportvereinen (Wiesner 2011, S. 162) werden allerdings nicht alle Angebote für Kinder und Jugendliche innerhalb der Kirchen der Kinder- und Jugendarbeit nach § 11 SGB VIII zugeordnet, das gilt z.B. für Religions- oder Konfirmandenunterricht. Die Mitbestimmung durch Kinder und Jugendliche ist das zentrale Kriterium, um die Angebote der Kinder- und Jugendarbeit zuzurechnen.

Evangelische Kinder- und Jugendarbeit findet im Wesentlichen auf drei Ebenen statt (Rauschenbach et al. 2010, S. 178 f.):
- der Kirchengemeinde vor Ort (d.h. in der Regel in den Sozialräumen) – ergänzend dazu gibt es z.T. Zwischenstrukturen in den Stadtteilen;
- den Bezirken oder Dekanaten und
- den Landeskirchen.

In Baden-Württemberg gibt es zwei Evangelische Landeskirchen: die Evangelische Kirche in Württemberg und die Evangelische Kirche in Baden.

In der Evangelischen Landeskirche in Württemberg wird die Kinder- und Jugendarbeit vom Evangelischen Jugendwerk in Württemberg (EJW) verantwortet. Das EJW arbeitet „selbständig im Auftrag der Evang. Landeskirche" (§ 2, Abs. 3 EJW 2016).

Die Bezirks- und Ortsjugendwerke sind satzungsmäßig ein Teil des EJW (§ 1, Abs. 1 EJW 2016). Sie haben sich auf gemeinsame Ziele und Aufgaben verständigt. Durch die Anbindung an die jeweilige Kirchengemeinde kann die evangelische Jugendarbeit „wie kaum eine andere Jugendorganisation – abgesehen von der Sportjugend – flächendeckend kontinuierliche Angebote für Kinder und Jugendliche anbieten" (Rauschenbach et al. 2010, S. 181).

Die Bezirke des Evangelischen Jugendwerks in Württemberg entsprechen in der Regel der Größe eines Kirchenbezirks. Sie geben sich eine eigene Ordnung, entsprechend der vom EJW verabschiedeten Bezirksrahmenordnung (EJW 2009). Die Ortsjugendwerke haben ebenfalls jeweils eine eigene Ordnung, die sich an der Rahmenordnung für örtliche Jugendwerke orientiert (Evangelische Landeskirche in Württemberg 2008). Zwischen diesen Ebenen des EJW ist ein durchgängiges Delegationsprinzip vorgesehen.

Die Kirchengemeinde bzw. die Dekanate und Landeskirchen bilden den Erwachsenenverband der jeweiligen Jugendwerke. Eine Besonderheit beim EJW ist die hohe Zahl hauptamtlicher Jugendbildungsreferent:innen auf Bezirks- und Landesebene (Rauschenbach et al. 2010, S. 181). Auch die Trägerstruktur unterscheidet das EJW von den anderen beiden Jugendverbänden im Sample: Das EJW ist einerseits ein Jugendverband nach § 12 SGB VIII, andererseits Teil der Evangelischen Kirche und damit einer Körperschaft des öffentlichen Rechts. Allerdings handelt es sich beim EJW um einen sehr heterogenen Dachverband, in dem auch Jugendorganisationen mit eigenen Vereinsstrukturen organisiert sind (z.B. der Christliche Verein junger Menschen, CVJM, oder der Verband Christlicher Pfadfinderinnen und Pfadfinder, VCP).

Ein Konzeptionspapier zum Bildungs- bzw. Demokratieverständnis lässt sich auf der Internetseite des EJW nicht finden. Als Material zur Reflexion und Weiterentwicklung der jugendverbandlichen Partizipationsstrukturen und -erfahrungen auf der Ebene des Orts- bzw. Bezirksjugendwerkes wird aber ein Set von „Denkkarten" bereitgestellt (Burger et al. 2014). Darin heißt es u.a.: „Zu unserem Selbstverständnis als Jugendverband gehören wichtige Prinzipien wie Selbstorganisation und Partizipation. Jugendarbeit bietet nicht bloß die Möglichkeit zur Teilnahme an vorgeformten Aktivitäten. Sie bietet und erfordert die aktive Mitgestaltung in allen Bereichen. Die evangelische Jugendarbeit ist herausgefordert neue und offene Formen der Beteiligung zu schaffen und bestehende weiter zu entwickeln" (Burger et al. 2014, These 2).

In allen beteiligten Jugendverbänden ist die gesetzlich geforderte Partizipation junger Menschen deutlich als strukturelle Einflussnahme bspw. durch Gremien in ihren Satzungen verankert. Mitglieder können durch demokratische Verfahren diese Jugendverbände gestalten und Verantwortung in ihnen übernehmen. Es bleibt nun zu klären, wie Engagierte diese Möglichkeiten erleben und wie diese Verfahren und Programme zur Demokratiebildung junger Menschen beitragen? Dies wurde mit den Co-Forschenden in den Gruppendiskussionen diskutiert und wird in Form von Ergebnissen im nächsten Kapitel widergegeben.

4. Ergebnisse

Die Vorstellung der Ergebnisse dieser Studie erfolgt in vier aufeinander aufbauenden Stufen. Zunächst werden die drei Jugendverbände je einzeln hinsichtlich der von den Co-Forschenden benannten Potenziale und Grenzen für demokratische Partizipation dargestellt (Kap. 4.1). Die ausführlichen Porträts der Jugendverbände enthalten bereits konkrete Handlungsempfehlungen, die in Kapitel 5 noch einmal generalisiert aufgegriffen werden. In einem zweiten Schritt werden die Ergebnisse miteinander in Bezug gesetzt und systematisiert unter den beiden aus dem 16. Kinder- und Jugendbericht (Deutscher Bundestag 2020) abgeleiteten Perspektiven „Demokratie als Bildungsstruktur" bzw. „Demokratie als Erfahrungsraum" (Kap. 4.2). Die Ergebnisse wurden in zehn Thesen konzentriert, die mit den Co-Forschenden diskutiert werden konnten und zur gemeinsamen Interpretation der Ergebnisse führten (Kap. 4.3). Abschließend stellen wir den Theorie-Praxis-Bezug der Studie dar, widmen uns also der Frage, wie die Ergebnisse der Studie für die Praxis der Jugendverbandsarbeit fruchtbar werden können (Kap. 4.4).

4.1. Demokratieprofile der beteiligten Jugendverbände

Die jugendverbands-homogenen Gruppendiskussionen mit jungen Menschen aus drei Jugendverbänden ermöglichen einen differenzierten und umfassenden Blick auf eben diese Jugendverbände. Sie werden im Folgenden unter der Fragestellung untersucht, welche Potenziale sie für die Demokratiebildung innehaben und welche Herausforderungen sich aus den Diskussionen mit den ehrenamtlich Engagierten ableiten lassen.

4.1.1. Demokratische Partizipation in der JDAV

Die Mitarbeitenden bzw. Co-Forschenden der JDAV engagieren sich in verschiedenen lokalen Sektionen. Daher sind die hier formulierten Aussagen und das daraus entstandene Profil der Demokratiebildung in der JDAV ein Schlaglicht, das Entwicklungen aus der Sicht von Engagierten aus einzelnen Sektionen zusammenführt. Somit ist das Folgende keine generelle Aussage über „die JDAV". Wir konnten aber Aussagen und Tendenzen rekonstruieren, die Charakteristika des Jugendverbandes ausmachen. Da diese Einsichten von Sektion zu Sektion variieren können, werden einige Themen, wie z.B. die Situation von Teilnehmenden, unter verschiedenen Blickwinkeln in verschiedenen Aspekten der Jugendverbandsarbeit mehrmals behandelt.

4.1.1.1 Ebenen der Mitbestimmung

Die JDAV wird von den Diskussionsteilnehmenden als ein Jugendverband wahrgenommen, in dem auf vielen Ebenen Mitbestimmung möglich ist. Nachfolgend wird ihre Wahrnehmung der einzelnen Ebenen dargestellt.

Die Ebene der *Gruppen und Freizeiten* sehen die Jugendleiter:innen als ein zentrales Lernfeld der Mitbestimmung für sich selbst und die Teilnehmenden. Sie sehen es als ihre Aufgabe, Themen „vorzusortieren" – was „taugt" zur Mitbestimmung durch Teilnehmende, bspw. um Lösungen bei Konfliktsituationen zu finden (JDAV 1: 33)[9] und was entzieht sich der Mitbestimmung, bspw. um Kinder und Jugendliche vor Schäden und Gefahren in der Bergwelt zu schützen (JDAV 1: 34). Der Grad der Mitbestimmung ist zudem vom Alter abhängig (JDAV 2: 12), Kinder können weniger mitbestimmen als Jugendliche. Mitbestimmung geschehe aber schon beim Einkaufen des Essens und Gestalten des Speiseplans für Ausfahrten (JDAV 2: 25). Die *Satzung* als Basis der Mitbestimmung wurde wenig diskutiert. Sie gibt Strukturen für die Mitbestimmung vor (JDAV 1: 3) und ist relevant, wenn es um die Vergabe von Posten und Ämtern geht (JDAV 2: 38).

Im Bereich der *Gremien* wird die Jugendvollversammlung (JV) als das zentrale Element der Mitbestimmung wahrgenommen und diskutiert. In den Diskussionen kam die Frage auf, wie sie attraktiver gestaltet werden kann, denn es wurde deutlich, dass vor allem die Jüngeren sich bislang wenig inhaltlich beteiligen (JDAV 2: 53). Als Lösung wurden interaktive Elemente der Programm-Gestaltung diskutiert, z.B. eine Bouldernight (JDAV 2: 53), Spieleaktionen (JDAV 2: 54) oder ein gemeinsamer Jahresrückblick in Bildern mit Verpflegung und Süßigkeiten (JDAV 2: 56). Um neben der Steigerung der Attraktivität auch die inhaltliche Beteiligung zu verbessern,

9 Die Quellenangaben beziehen sich auf die Gruppendiskussionen in der ersten Erhebungsphase. Dabei wird wie folgt zitiert: (Jugendverband, laufende Nr. der Gruppediskussion: Zeile im Transkript).

wurde vorgeschlagen, die Inhalte während der JV in Kleingruppen zu diskutieren, damit „jeder Bescheid weiß“ (JDAV 1: 9) oder sie bereits in den Gruppen zu besprechen und dann gemeinsame Anliegen in die Jugendvollversammlung einzubringen (JDAV 2: 52). Deutlich wurde aber, dass die eigentliche Willensbildung bei der Jugendvollversammlung schwierig ist. Das Jugendreferat bereitet Inhalte vor, muss aber aufpassen, dass es nicht alles „leitet“ (JDAV 1: 6). Dies wurde kritisiert: „Es gibt Alternativen [in der Wahl], aber es ist eindeutig [welches Ergebnis bevorzugt wird]“ (JDAV 1: 11).

Manche Gremiensitzungen werden von den Co-Forschenden als ermüdend erlebt, weil sie einen hohen Zeitaufwand ohne nennenswerte Ergebnisse bedeuten (JDAV 1: 58). Der Jugendausschuss (JA) und Jugendreferatssitzungen werden als anstrengend erlebt (JDAV 1: 35), denn es gibt Teilnehmende, die viel reden und andere, die nicht reden (JDAV 1: 95). Prinzipiell wurde festgestellt, dass man in der JDAV nicht Jugendleiter:in ist, um zu diskutieren, vielmehr sind Kinder und Berge das Ziel des Engagements (JDAV 2: 49).

Die Zusammenarbeit mit dem *Erwachsenenverband* DAV auf Sektionsebene wird v.a. in der Art der Kommunikation als verbesserungswürdig angesehen (JDAV 1: 52). Die Co-Forschenden haben das Gefühl, nicht ernst genommen zu werden („ihr seid noch nicht so weit wie wir“) und dass die Erwachsenen sich keine Zeit nehmen (JDAV 1: 46/47). Dieses Ungleichgewicht wird vor allem auf das Alter der Jugendleiter:innen bezogen (JDAV 1: 48): „So nach dem Motto, das Recht des Älteren und da muss ich tatsächlich sagen [...] ist es überwiegend mit Männern ein bisschen passiert“ (JDAV 1: 46). Zudem haben Gremien im Erwachsenenverband auch eine ganz andere Diskussionskultur, „gar nicht irgendwie so friedlich oder sich ausredend lassen“ (JDAV 1: 84). Der Grad der Mitbestimmung der Jugendreferent:innen im DAV ist je nach Sektion unterschiedlich. Laut den Co-Forschenden hat sich aber schon viel getan, denn früher musste man sich zusammenschließen, um etwas zu bewegen (JDAV 2: 57). Dennoch sind sie sich bewusst: die Jugendleiter:innen arbeiten viel, haben aber manchmal nichts zu sagen – sie sind die „Kleinen im Vorstand“ (JDAV 1: 44).

Der *Landesverband* der JDAV als nächste Strukturebene ist von den Gruppen weit weg: „weil man ist halt einfach in seiner Jugendgruppe und hat da irgendwie Spaß, geht in die Berge und macht da irgendwie coole Sachen, aber, dass da so eine Organisation dahintersteckt war mir selber auch lange nicht bewusst“ (JDAV 2: 38). Positiv formuliert: der Landesverband mischt sich nicht ein, man kann vor Ort agieren, denn die lokalen

Gruppen funktionieren. Andererseits wird die Vernetzung mit anderen Gruppen und Sektionen auch als Horizonterweiterung erlebt (JDAV 1: 67; JDAV 2: 41).

Die *Bundesebene* wird nur in einem Beitrag erwähnt. Neue Konzepte werden dort nicht angenommen, da „wird das trotzdem sehr schnell unterdrückt und dann schickt man irgendwie so den langjährigen Geschäftsführer vor, der dann sagt ‚Nene, das wird eh nicht funktionieren, wie auch immer, blablabla.' Ende des Gesprächs, so." (JDAV 1: 48). Die Bundesjugendleitertage werden hingegen als Chance für den vertieften Einstieg in den Jugendverband gesehen (JDAV 2: 39; JDAV 1: 93).

4.1.1.2 Einflussmöglichkeiten

Ein kontroverses Thema in den Diskussionen mit den Co-Forschenden der JDAV ist die *themenbezogene Einflussnahme*. Diese hat zwei Pole – zum einen geht es darum, „alpine Bildung" machen zu wollen und zum anderen der Selbstbestimmung der Kinder und Jugendlichen gerecht zu werden, die bspw. eher „bouldern statt klettern" wollen (JDAV 1: 17). „Inwiefern man […] nicht nur die Demokratie berücksichtigt, sondern eben auch diesen alpinen Aspekt, den man ja auch einfach weitergeben möchte" (JDAV 1: 17), führt dabei zu einer Spannung. Man muss bei einer von der Gruppe selbst geplanten Ausfahrt „vielleicht schon mal ein bisschen eingreifen von mir aus, bevor man gar nicht loskommt" (JDAV 1: 21). Die Co-Forschenden stehen vor dem Problem, attraktive Jugendarbeit anbieten zu wollen, die womöglich von einer allzu langen demokratischen Entscheidungsfindung behindert wird. Konflikte in der Planung und ggf. „knartschigen" (JDAV 1: 17) Durchführung benötigen in solchen Fällen eine Nachbesprechung (JDAV 1: 26). Gleichzeitig geht es den Co-Forschenden aber auch um die Ermöglichung von Mitbestimmung.

Die *Gremienarbeit* wird als veränderbar beschrieben: „Also gerade in der Jugend finde ich ist schon häufig auch mal ein Ohr da, dass, wenn irgendein Gremium nicht gut funktioniert, dass man das irgendwie umstrukturiert" (JDAV 1: 72). Solche Veränderungen mitzugestalten wird als positiv erlebt: „Es ist eigentlich auch was cooles so Demokratie quasi voranzubringen" (JDAV 1: 93) – hier am Beispiel der Erarbeitung der „Mustersektionsordnung" auf einer Bundesjugendleitertagung. Wie die Themen in den Gremien entwickelt werden, ist von Sektion zu Sektion allerdings unterschiedlich. Von manchen Co-Forschenden wird der Jugendausschuss

(JA) als Ort themenbezogener Einflussnahme gesehen (JDAV 1: 70), andere sehen Projektgruppen (JDAV 1: 70; JDAV 2: 75) als Orte, in denen Themen, bspw. Umweltschutz, unter Einbezug der „Gruppenkinder“ (JDAV 1: 101) erarbeitet werden.

Der JA übernimmt neben der thematischen Steuerung auch die organisatorische Steuerung der Jugend in der Sektion, „im Sinne von wer darf was machen und was überschneidet sich wann und wo welche Sachen kann man parallel anbieten“ (JDAV 2: 56). Ein interessanter Aspekt ist, dass das Alter für die Mitarbeit im JA von den Sektionen selbst festgelegt werden kann. Einerseits wollen die Älteren die Jüngeren schützen vor den „Konsequenzen“ so einer Wahl (JDAV 1: 12), andererseits sei es „geil“ (JDAV 1: 106), wenn die unter 16-jährigen Gruppenkinder das „Sagen“ haben und den „Jugendverband gestalten“ (ebd.) oder im JA aktiv sind und eine Projektgruppe gründen und ihre Themen (im Beispiel: Umwelt) einbringen (JDAV 1: 103) oder der JA altersmäßig begrenzt wird und Ältere nicht hineingewählt werden können (JDAV 1: 103).

Hauptsächlich wurde aber die *Jugendvollversammlung* (JV) als der Ort gesehen, an dem Themen „angesprochen“ werden und „geschaut“ wird, „ob es überhaupt jemanden gibt, der Interesse daran hat, das Thema gerade zu diskutieren“ (JDAV 2: 52). Allerdings sei es stark von den Themen selbst abhängig, ob und wie stark sie diskutiert und entwickelt werden, „je nach dem um welche Themen es geht“ (JDAV 2: 43). Themen, die in der JV nicht diskutiert werden und zu einem Abschluss kommen müssen, wie bspw. „Wahlrechtsreform“, werden dann im JA behandelt (JDAV 2: 52). In einer anderen Sektion waren die Jugendleiter:innen vor Ort überrascht, wie beim Thema Budget in der JV „tatsächlich eine richtige Diskussion“ entstand (JDAV 2: 53), „die sehr konstruktiv war“ und dann „eine sehr hohe Beteiligung da war“. Wie die JV gestaltet wird, ist unterschiedlich, in einer Sektion kommen nur Jugendleiter:innen zur JV (JDAV 1: 10), in einer anderen „ist die Jugendvollversammlung mit irgendwie halt zwanzig Teilnehmenden und man kann das dann schön auch alles in Kleingruppen besprechen“ (JDAV 1: 9). In einer weiteren Sektion treffen sich sechzig Kinder und die Jugendleiter:innen, so dass man sich stärker über Form (Hallenübernachtung oder nur Versammlung) und Arbeitsweise (Präsentation / Mitspracherecht etc.) Gedanken machen muss (JDAV 1: 9). Ziel in der JV sollte sein, Vorschläge „so zu erklären, dass die Leute mitgenommen werden und sich dann wirklich sinnvoll entscheiden können“ (JDAV 1: 12).

Damit sind die Einflussmöglichkeiten der Teilnehmenden angesprochen. Hier hat sich durch die Reform der Mustersektionsjugendordnung viel geändert: „davor hat das Jugendreferat recht viel immer entschieden" ohne dass „Kinder und Jugendliche […], die in den Gruppen beteiligt sind, mitdiskutieren" (JDAV 1: 6). Inzwischen haben die Teilnehmenden die Möglichkeit, sich in Gremien einzubringen und zum anderen die *Gruppenarbeit* zu gestalten. Hier können die Gruppenteilnehmenden entscheiden, „wo man hingehen möchte" (JDAV 2: 12). Dieses Einbringen von Ideen in die Gruppe wird als Prozess empfunden. Die „Neuen in der Gruppe" bringen sich anfangs noch nicht so sehr ein, sie können „nach einer Zeit dann aber schon auch so Ideen (...) reinbringen" (JDAV 2: 30). Die Mitbestimmung reicht manchmal soweit, dass die Kinder sagen können: „Wir wollen die Jugendleiter bei uns in der Gruppe haben oder nicht" (JDAV 2: 59) und auch von den Teilnehmenden geprüft wird, ob die Jugendleiter:innen pünktlich sind oder ein eintöniges Programm machen und sich ggf. beschweren (JDAV 2: 63). Zum Teil sind die Teilnehmenden sogar bei den Jugendleitersitzungen dabei und können „eigene Ideen direkt" einbringen, wenn es nicht „um ein krankes Kind oder was auch immer" geht (JDAV 1: 34). Dieser strukturelle, personelle und programmatische Einfluss von Kindern wird allerdings nicht von allen Co-Forschenden geteilt: „Als Gruppenkind oder Gruppenteilnehmer ist man eigentlich immer so am empfangenden Ende, dass man quasi halt eher Konsument ist" (JDAV 1: 101). Die Einflussmöglichkeit von Teilnehmenden ist auf die Sektionsebene begrenzt, denn für die Teilnahme an den „Bundesjugendleitertagen […] da muss man halt eine Jugendleiterausbildung haben" (JDAV 2: 70).

Die Einflussmöglichkeiten der *ehrenamtlich Mitarbeitenden* stehen in Zusammenhang mit dem persönlichen zeitlichen Engagement (JDAV 1: 7), „wenn man will, kann man da bei echt vielen Sachen mitsprechen" (JDAV 1: 46) bzw. „da musst du einfach nur engagiert sein und du kannst alles umsetzen" (JDAV 1: 49). Der direkte Zusammenhang von Motivation und der Möglichkeit etwas zu „verändern" (JDAV 1: 69, 74) kanalisiert sich in der Verbandsstruktur: der erste Schritt ist, „sich wählen [zu] lassen in den JA" (JDAV 1: 69), dann „wenn man ganz motiviert ist" (ebd.) sich als Jugendreferentin oder Jugendreferent zur Wahl zu stellen. Dieses vorausgesetzte Engagement bringt aber mit sich, „dass es sehr schwierig ist, Leute zu finden, die die Aufgabe als Jugendreferentin oder Jugendreferent übernehmen wollen" (ebd.). Die Bedingung der „Motivation" als Voraussetzung zur Mitgestaltung (JDAV 2: 6, 70; JDAV 1: 73) oder, „wenn man motiviert ist und Bock drauf hat" (JDAV 1: 96) wird auffallend oft genannt. Es wird dabei zum einen als etwas Natürliches gesehen, denn es „gibt natürlich Leute, die mehr Aktionen planen oder weniger, aber ich glaube so jeder macht ja mit, was er machen will" (JDAV 2: 29) und zum anderen auch als ein Lernprozess, bei dem jede:r „auf sich selber gucken" muss, denn man merkt „wenn man irgendwie was erreichen will, dann kümmert man sich drum und dann wird das auch, also passiert es einfach auch" (JDAV 2: 86).

Insgesamt nehmen die CO-Forschenden die Mitbestimmungsmöglichkeiten auf Sektionsebene sehr deutlich wahr, wie dieses letzte Beispiel verdeutlicht: In einer Sektion war das Sektionsfest „lange Zeit nur Männern zugänglich" (JDAV 1: 47), was die Jugend „nicht in Ordnung" fand und sich dafür eingesetzt hat, dass es diese Exklusion von Frauen nicht mehr gibt und das Ergebnis nun als „eine totale Bereicherung" empfunden wird (JDAV 1: 47).

4.1.1.3 Selbstwirksamkeit

In der JDAV „darf" (JDAV 1: 98) man als junger Mensch früh *Verantwortung übernehmen*, „sich selber ausprobieren" (JDAV 1: 98; JDAV 2: 11) und „selber Erfahrungen sammeln" (JDAV 1: 98). Dies geschieht zum einen dadurch, dass die Engagierten selbst angefragt wurden: „Willst du eigentlich nicht auch Jugendleiter werden?" (JDAV 1: 96). Der Jugendverband ermöglicht, „dass Leute einfach Verantwortung übernehmen können, wenn sie möchten" (ebd.). Es wird ihnen das Vertrauen entgegengebracht, eigenverantwortlich „individuelle Entscheidungen zu treffen" (JDAV 2: 26f.) und man „recht barrierefrei sage ich jetzt mal die Möglichkeit bekommt Dinge mitzugestalten, ja" (JDAV 2: 96). Die Co-Forschenden sehen darin einen Lernprozess der von „coole Sachen machen" und als Kind selber erleben über „Gefahren und die Natur und die Umgebung wahrzunehmen und daraus eben gute Schlüsse zu ziehen" bis hin zum eigentlichen „Bildungsziel" reicht – nämlich „sich selbst einzuschätzen" im Umgang mit der „Organisation" (JDAV 2: 86) für und mit der Gruppe und den Gefahren (JDAV 2: 37). Dieser Prozess des Herangeführt-Werdens und Reinwachsens wird als Moment der Selbstwirksamkeit beschrieben: „Man wird drangeführt und dann irgendwann kann man eben selbst Touren übernehmen, für die man sonst nicht den Mut gehabt hätte oder das Wissen" (JDAV 2: 37, 86).

Der „Rückenwind" (JDAV 2: 57) und die „Sicherheit" der eigenen Gruppe wird als starker Faktor für das Wohlfühlen im Verband und die eigene Wirksamkeit gesehen (JDAV 2: 44). Im JDAV lernen Engagierte, eine eigene Meinung zu haben und sie zu formulieren (JDAV 2: 87, 44) und sich dadurch einzubringen und selbstwirksam zu werden. Sie sind dazu „empowert“, die eigene Meinung zu sagen – unabhängig ob im JDAV oder anderswo (JDAV 2: 93, 87). Sie kommen dadurch aus der „Komfortzone“ heraus (JDAV 2: 87). Wichtig für Engagement ist, eine eigene Meinung zu haben, denn sonst kann man „in so einer Gruppe natürlich auch irgendwie mal untergehen“ (JDAV 2: 86, 44).

Die bereits beschriebene *Motivation zum Engagement* und zur Beteiligung wird hauptsächlich darin gesehen, dass die, die sich noch nicht engagieren, von anderen angesprochen werden: „Hey, willst du das nicht machen, mach doch mal, probiere es doch mal, ist doch nicht so schlimm?“ (JDAV 1: 92). Dafür sind die Co-Forschenden „nachträglich unglaublich dankbar“ (JDAV 1: 92). Dabei ist es egal, ob es um die Planung einer Tour, die Mitarbeit im Jugendausschuss oder die Anfrage zur Wahl als Jugendleiter:innen geht. Die Anfrage kann auch direktiver gestellt werden: „you have been volunteered“ (JDAV 1: 93), aber sie führt dazu, dass man immer mehr „reinrutscht“ (JDAV 1: 94). Die Inspiration durch das, was andere im gleichen Alter machen, ist auch Motivation, sich zu beteiligen: „Einfach, weil ich gesehen habe, dass andere 16-Jährige um mich herum das gemacht haben, mit denen ich mich gut verstanden habe“ (JDAV 1: 94) und dass der Verband von Jugendlichen für Jugendliche gestaltet wird (ebd.). „Ins kalte Wasser schmeißen“ (JDAV 1: 92, 95) ist ein weiterer Aspekt der Motivation zum Engagement, weil Jugendliche dadurch aktiv werden „müssen“. Vor allem diejenigen, die „noch nicht so viel gemacht haben, [müssen] auch auf einmal aktiv werden und total viel machen“ (JDAV 1: 95).

Bei diesem Engagement spielen *Freundschaften* eine wichtige Rolle. Im Beispiel erzählt ein:e Co-Forschende:r, dass zwei Freunde sich „da gegenseitig so ein bisschen hochgepusht haben oder uns motiviert haben“ (JDAV 2: 35). „Ja und, also ja wenn man Spaß hat mit den Menschen zusammen dann macht auch das Engagement selber einfach Spaß“ (JDAV 2: 35). Freundschaften sind einerseits eine wichtige Basis, um Themen zu erarbeiten und voranzubringen (JDAV 2: 16), werden andererseits kritisch gesehen, denn wenn sich eine Clique einig ist, werden Einigungsprozesse in der Gesamtgruppe schwieriger (ebd.).

Die hier beschriebene Selbst-Wirksamkeit innerhalb des Verbandes und im Umgang mit den Gruppen findet eine *Grenze im politischen Bereich*, also wenn sie über die Verbandsgrenze hinaus geht. Beispielsweise wird reklamiert, dass es nicht gelungen ist, „einen Brief an Politiker [zu] schreiben“ (JDAV 1: 49), um die Stimme der Jugend in der Corona-Zeit zu äußern – aus Angst, die Stimme „zählt vielleicht gar nicht“ (JDAV 1:

61). In den Diskussionen bleiben die Fragen „warum macht man es nicht einfach?" (JDAV 1: 49) und „wieso trägt man das nicht raus in die echte Welt?" (JDAV 1: 69) allerdings offen. Die Co-Forschenden stellen sich in diesem Zusammenhang jedoch die Frage: „Inwieweit bedeutet Demokratiebildung bei uns interne Demokratiebildung"? Offenbar gelingt der Übergang zur Öffentlichkeit nicht, im Sinne der Forderung: „Jetzt geht raus in die weite Welt und werdet tatsächlich aktiv und verändert auch da was" (JDAV 1: 69). Trotz dieser offenen Fragen wird die Verbands-Arbeit in Ausschüssen und Projektgruppen als Basis für „weitere politische Arbeit" gesehen (JDAV 1: 70), denn nach der Jugendarbeit „lässt man die Leute raus und die haben dann praktisch den Grundwerkzeugkasten, um Politik zu betreiben. Und wir haben praktisch Demokratiebildung erfolgreich abgeschlossen" (JDAV 1: 77).

4.1.1.4 Hürden und Grenzen

Neben der oben beschriebenen Grenze im Bereich der Selbstwirksamkeit sehen die Co-Forschenden weitere Grenzen für ihr Engagement im Verband. Genannt werden zum Beispiel *lange Entscheidungsprozesse*: „Man möchte gerne was und man informiert sich dann, wie man das schafft und dann sieht man, was für Institutionen dahinterstehen und durch welche Gremien und Arbeitsgruppen und Bliblablubb das ist und dann geht man also in die erste Arbeitsgruppe, die jetzt dafür zuständig ist" (JDAV 1: 58). Dieser Weg ist mühsam. In einem Beispiel geht es um einen Instagram-Account „der wurde im JA besprochen, dann sollten wir jetzt nochmals zwei Monate warten, bis wir den in der Jugend, also mit den ganzen JuLeis [Jugendleiter:innen, d. Verf.] besprechen, das zieht sich einfach dadurch und ich glaube das ist das Problem" (JDAV 1: 53). In einem weiteren Beispiel wollte eine engagierte Mitarbeitende in einer Arbeitsgruppe einen Punkt einbringen – die AG dauerte mehr als fünf Stunden, sie hatte am nächsten Tage „eine wichtige Klausur", der eingebrachte Punkt „kam ganze 10 Minuten zur Sprache", sie sollte dann das Anliegen in eine weitere AG einbringen und am Schluss dachte sie „okay, ich glaube so wichtig ist es mir gar nicht" (JDAV 1: 58). Und als letztes Beispiel wurde ein Erste-Hilfe-Kurs genannt „bis das mal durchgesetzt war, dass da ein verdammter Erste-Hilfe-Kurs gezahlt wird" war Mitbestimmung „so klein geschrieben, dass man ein Mikroskop braucht" (JDAV 1: 50). Einige Co-Forschenden haben „ein Problem [...] damit, wie es läuft" und wollen mitbestimmen, haben aber keine „neue Idee" (JDAV 1: 58). Die dahinterstehende „Bürokratie“ (JDAV 1: 61) wird andererseits auch als notwendig empfunden, „um das irgendwie zu strukturieren“ (JDAV 1: 62) und sie ist „das, was man halt irgendwie akzeptieren muss, wenn man demokratisch leben möchte“ (JDAV 1: 61)

Auch der *zeitliche Anspruch* des Engagements wird thematisiert: „[Es] bleibt mir überhaupt keine Zeit mehr, um dann nochmal eine eigene Jugendgruppe zu machen und da irgendwie Demokratiebildung zu betreiben“ (JDAV 1: 63). Diese zeitliche Belastung wird auch bei den Jugendreferent:innen wahrgenommen: „Die hat mich gestern um 10 angerufen, wie sie noch irgendwelche E-Mails geschrieben hat und den ganzen Tag Jugendarbeit gemacht hat“ und somit hat sie keine Zeit für weiteres Engagement (JDAV 1: 69). Die Teilnehmenden an den Diskussionen kennen wenige Jugendleiter:innen, die eine Ausbildung gemacht haben, was daran liegen könnte, dass „Leute, die eine Ausbildung machen zu dem Zeitpunkt schon voll arbeiten und eben nicht die Zeit haben, sich abends zu engagieren“ (JDAV 2: 72). Zudem ist es schwer, „Urlaub zu beantragen“ und man hat „weniger Zeit“ (JDAV 2: 76).

Eine weitere Grenze der Mitbestimmung ist der *Schutzauftrag* im Bergsport, bei dem die Jugendleiter:innen aus fachlicher Sicht manchmal „einfach [ein] Ende mit Demokratie und Mitbestimmung“ sehen und „wo dann einfach gesagt wird ‚nein, da gehen wir jetzt nicht lang‘ oder ‚wir drehen jetzt sofort um‘“ (JDAV 1: 21) und aus Verantwortung „autoritär“ gehandelt werden muss (JDAV 1: 23). Die Abwägung zwischen der Begrenzung demokratischer Beteiligung, der Förderung der Eigenverantwortung der Gruppenteilnehmenden und dem Schutzauftrag der Gruppenleiter:innen ist „schwierig“ und ein „Spagat“: „Lasse ich die Kinder da reinlaufen? Dann ist es halt eine Konsequenz, dass hinterher alle Kinder super eine Erkältung haben oder mache ich ihnen das vorher klar und schränke damit dann wieder so ein bisschen die Demokratie ein?“ (JDAV 1: 28). Als Lösung wird die Strategie „Behütet ins Messer laufen lassen“ vorgeschlagen – also ohne „gravierende Konsequenzen“ Kindern und Jugendlichen Verantwortung zu übergeben (JDAV 1: 30) – das sei „gute Jugendarbeit“ (ebd.).

Corona wird als Hürde des Engagements fast nicht thematisiert. Zum Thema Corona wird nur vom Ausfall einer Jugendvollversammlung berichtet (JDAV 2: 54) und die Erarbeitung eines Positionspapiers zur Öffnung der Schulen um „das Bedürfnis von Kindern und Jugendlichen wieder sozialen Austausch zu haben“ zu befördern (JDAV 1: 67).

Diese Eindrücke und Aussagen unterscheiden sich aber von Sektion zu Sektion und hängen von der Größe der Sektion ab (JDAV 2: 13). In kleineren Sektionen kennt man sich „und dann ist auch die Hürde viel geringer direkt quasi an die Person heranzutreten“ (JDAV 2: 18), größere sind „anonymer“ und dadurch ist es schwieriger, „seine Meinung auch an die Person zu tragen“ (JDAV 2: 18). Ein weiterer Unterschied zwischen den Sektionen ist, „wie viel in Gruppenstunden eben vorgegeben wird oder eben nicht“ (JDAV 2: 13) und dass es unterschiedliche „Schwellen“ für Beteiligung im Verband gibt (JDAV 2: 71), so dass ein Engagierter sich fragt: „Ja, wir wollen mehr Mitbestimmung, aber was genau eigentlich und warum machen wir es nicht?“ (JDAV 1: 49). Die Beteiligungselemente wie „Jugendvollversammlung“ werden aber als „geschützte demokratische Prozesse“ im Verband wahrgenommen (JDAV 1: 21), außerhalb dieses Raumes werde es „brutal“ (ebd.).

4.1.1.5 Exklusion und Inklusion

In der JDAV werden von den Co-Forschenden verschiedene Exklusionsmechanismen wahrgenommen. Sie thematisieren dabei auch schon angeschnittene Aspekte wie die Jugendvollversammlung oder den Jugendausschuss. Wir erachten es aber als sinnvoll, diese Mechanismen hier gebündelt darzustellen.

Der *Zugang zum Verband* kann dadurch erschwert sein, dass es abschreckend sein kann, „von Hütte zu Hütte oder so“ zu laufen, „wo man auch nicht warm duschen kann“ (JDAV 2: 79). „Man muss in den JDAV passen, um sich da wohl zu fühlen“ (JDAV 2: 80) und das sind „Leute, die irgendwie draußen sein möchten, eben naturbewusst unterwegs sein möchten, vielleicht irgendwie ein bisschen abenteuerlustig unterwegs sind“ (JDAV 2: 80). Der Verband wird als „homogen“ (JDAV 2: 72) erlebt und von anderen als „teurer Studentenverein“ (JDAV 2: 72) beschrieben. Somit wird der Zugang zum Verband als eher exklusiv und „abschreckend“ diskutiert, bei dem es manchen schwerfällt, „reinzukommen“ und sich „wohlzufühlen“ (JDAV 2: 73). Der Verband transportiert ein „Wanderkind-Image“ (JDAV 2: 79), dessen Mitglieder „mit Wanderhose in die Schule“ (JDAV 2: 79) gehen – und das schreckt ab, „weil man sich das nicht vorstellen kann“ (ebd.), was im Verband passiert. Andere sind in diesen Verband reingeboren „wo Skitouren, Klettern und Freizeiten einfach schon immer in die Urlaubsplanung dazugehören“ (JDAV 2: 78). Die Co-Forschenden sind sich bewusst, dass der Verein eine hohe – auch finanzielle – Mobilität verlangt („mehrere Wochenenden in die Alpen“, JDAV 2: 78) und die „Unterstützung der Eltern“ braucht. Der finanziellen Hürde wird aber je nach Sektion versucht gegenzusteuern (kostenlose Materialausleihe, freier Halleneintritt) – es bleibe oft nur der „schon relativ niedrige" Mitgliedsbeitrag (JDAV 2: 77). Dennoch: „Wenn da 80, 90 Prozent aus eher einkommensstarken Familien kommen, wird das trotzdem sichtbar [...]: Wie die reden und was die so anhaben und das ist einfach schwierig so aufzulösen" (JDAV 2: 82). Als Lösung wird zum einen gesehen, dass die Jugendleiter:nnen darauf achten, dass sich eine neue Person „nicht von Anfang an ausgeschlossen oder schlechter als die anderen fühlt" (JDAV 2: 84). Zum anderen wird versucht, bewusst Menschen mit anderen sozialen Herkünften zu integrieren. Aber die „Gruppen, die halt versuchen irgendwie Flüchtlinge zu integrieren" (JDAV 2: 75) haben Probleme, weil sie sowieso schon lange Wartelisten für die Gruppen haben und auch nicht „die richtigen Leute" (als Gruppenleitende) haben (ebd.).

Was an einer anderen Stelle als Potenzial zum Wachstum der Selbstwirksamkeit beschrieben wird (vgl. Kap. 2.5), birgt auch die Gefahr der Exklusion – nämlich die *Zugehörigkeit zum Verband.* Die Schwelle für die Zugänge zum Verband und zu den Mitbestimmungsstrukturen sind hoch, weil Engagierte schon im Verband sein müssen, um weiterzukommen und mitzubestimmen (JDAV 1: 92, 96, 97), bzw. sie werden nur dann angefragt oder „ins kalte Wasser geschmissen". Das ist aber eine Exklusion derer, die sich nicht dieser „Karriere" stellen und eben nicht angefragt werden. Ein engagiertes Mitglied äußert deshalb den Wunsch, dass die „neue Ordnung" (JDAV 1: 99) eine Loslösung von diesem „natürlichen Weg der Vereinsarbeit" (JDAV 1: 101) mit sich bringt. In dieser Ordnung wird vorgeschlagen, dass Jugendliche nicht Jugendleiter:in sein müssen, um sich in der Sektion (oder auf Bundesjugendleitertagen, JDAV 2: 70) einzubringen – dies wird auch von weiteren Engagierten als „sehr cool" (JDAV 1: 100, 102) bewertet.

Innerhalb der Strukturen des Jugendverbandes entscheidet zum einen die Art der Programmgestaltung darüber, wer zur Jugendvollversammlung kommt. Zu einer attraktiv gestalteten JV im Rahmen einer Bouldernight (JDAV 2: 53) „kommen ja auch andere Kinder" (JDAV 1: 9), zu einem Abend mit zwei Stunden Diskussion eher nicht. Somit hat die Art der Programmgestaltung Einfluss auf die Mitbestimmung im Verband und schließt ggf. Kinder aus. Zum anderen ist die Frage, welcher Personenkreis überhaupt formal zu einer JV eingeladen ist – ob nur Jugendleiter:innen oder alle (Gruppen-) Teilnehmenden (JDAV 1: 10) – ein Exklusionsmechanismus.

Das gilt auch für die Sitzungen des Jugendausschuss, der in manchen Sektionen eine reine Versammlung der Jugendleiter:innen ist (JDAV 2:

63). In einer Sektion wird beobachtet, dass durch eine Begrenzung der Mitgliederzahl im JA eine höhere Beteiligung an Initiativen, Ideen und Arbeitskreisen durch „Gruppenkinder" und Jugendliche entstanden ist (JDAV 1: 103) – durch diese Begrenzung des Jugendausschusses habe sich eine „Lawine" an Engagement entwickelt (JDAV 1: 103). Weiterhin spielt es eine Rolle, ob die Anzahl der Stimmen innerhalb des JA begrenzt ist (JDAV 1: 103) oder nicht. Der JA ist aber in jedem Fall ein wichtiger Ort zur Beteiligung „jüngerer Leute" und für „Diskussionen" (JDAV 2: 11).

Ein weiterer Faktor der Exklusion liegt im Aspekt des ‚*Angefragt Werdens*'. Was auf der einen Seite ein Vertrauensbeweis ist und in kleineren Sektionen durch engere Beziehungen von Mitgliedern entsteht, die nah beieinander wohnen (JDAV 2: 19) und deshalb „die Hürde viel geringer" (JDAV 2: 18) ist, jemanden auf ein Thema anzusprechen, setzt auf der anderen Seite eben auch voraus, dass man sich kennt oder befreundet ist (JDAV 2: 35), um etwas zu bewegen. Der Zugang zum Engagement im Jugendverband wird einerseits als „offener Einstieg" gesehen: Man muss „keinen Trainerschein haben" (JDAV 2: 65) oder „bis zu einem gewissen Grad klettern können" (JDAV 2: 29) und es gibt für Neue „eine Ein-Schnupper-Phase" (JDAV 2: 31). Andererseits wird es als exklusives Element gesehen (vgl. auch Hürde), dass man beispielsweise als Student:in mehr Zeit an Abenden hat als in der Ausbildung (JDAV 2: 31).

4.1.1.6 Machtverhältnisse

Das Thema Machtverhältnisse wird von den Co-Forschenden zum einen im Zusammenhang mit *Jugendleiter:innen* diskutiert. Sie können die Themen bei der Jugendvollversammlung setzen und somit Einfluss auf den Verband nehmen (vgl. Einflussmöglichkeiten). Die Co-Forschenden stellen fest, dass es „einzelne sehr starke Stimmen" (JDAV 2: 45) gibt, die das Ergebnis von Entscheidungen bestimmen und sich durchsetzen. Sie sehen hier aber einen Schutz von „Minderheiten" als ihren Auftrag (JDAV 1: 28). Deutlich wird, dass die Art, wie Jugendleiter:innen moderieren, das Ergebnis bestimmt (JDAV 1: 8) und „nicht der Inhalt". Und zum anderen „übersteigt das Wissen" der Jugendleiter:innen das, „was die Kinder und Jugendlichen aus den Gruppen haben, meistens um ein Vielfaches" (JDAV 1: 6). Dadurch entsteht eine Wissenshierarchie, denn die Jugendleiter:innen können viel zu Themen sagen, „im Gegensatz zu anderen, die jetzt neu dabei sind, die nicht so viel wissen" (JDAV 1: 47) und keine „Übersicht" haben, „wie die Jugend überhaupt organisiert ist" (JDAV 1: 7). Auch werden „Gruppenkinder“ aufgefordert „wir gehen da heute hin“ (ebd.), ohne auf die Themen und Strukturen der JV vorbereitet zu sein. Die Jugendleiter:innen sind aber auch bereit, Macht abzugeben. Wenn sie nicht darauf bestehen, im Jugendausschuss zu sein und sich dort einzubringen, „dann gestalten halt tatsächlich Kinder und Jugendliche, die nicht erst 16 werden müssen“ den Jugendverband (JDAV 1: 106). Sie können ihre Leitungsposition auch delegieren an Jüngere („ehemalige Gruppenkinder“) mit der Einstellung „Ich stelle mich da jetzt nicht vorne hin, sondern ihr könnt das genauso gut wie ich“ (JDAV 2: 27).

Zum anderen wird ein Machtungleichgewicht zugunsten der *Erwachsenen* in den Sektionen beschrieben. Diese sind „teilweise dreimal so alt“ (JDAV 1: 46) und daraus leiten sie ein „Recht des Älteren“ ab, das die Mitsprache der Jugend in „Arbeitsgruppen“ beeinflusst (ebd.). In diesem Zusammenhang sind die Finanzen ein wichtiges Thema. Hier wird in einer Sektion Mitbestimmung „klein geschrieben“ (JDAV 1: 50) und als ein „Ringen mit dem Schatzmeister“ empfunden. Nach Meinung anderer hat sich etwas geändert, denn die Jugend hat „mittlerweile“ „ein eigenes Budget“ (JDAV 1: 51) und dadurch „funktioniert das alles“ (JDAV 1: 52). Die „Konflikte“ sind „schon eher beim DAV“ – die Jugend kann finanziell und verwaltungstechnisch ihre „eigene Suppe kochen“ (ebd.) und habe „im Prinzip keine finanziellen Schwierigkeiten“ es läuft „sehr auffallend gut beim Alpenverein“ (JDAV 2: 69).

4.1.1.7 Bildungsprofil

Die Co-Forschenden sehen es als unstrittig an, dass Demokratie gelernt werden muss, denn – „das ist nicht von vorne herein gegeben“ (JDAV 1: 61). Die Jugendleiter:innen wollen diese Bildungsaufgabe übernehmen und verstehen sie als einen Bestandteil ihrer Leitungsfunktion. Der Bildungsauftrag wird als Prozess verstanden, in dem es darum geht, den Umgang miteinander zu lernen und Fehler zu akzeptieren (JDAV 1: 75), pro und contra zu diskutieren und abzuwägen (JDAV 1: 24), Verantwortung zu übernehmen – als Jugendleiter:in und als Teilnehmer:in, die Hand zu heben und mitzuentscheiden (JDAV 2: 54) sowie Kritikfähigkeit zu lernen, die eigene Meinung zu äußern, Feedback zu geben und das in den Alltag mitzunehmen (JDAV 1: 83).

Dabei ist *Lernen durch Erfahrung* ein wichtiges Prinzip, denn Jugendarbeit ist lernen „wie Demokratie sich anfühlt“ (JDAV 1: 14) und die Erfahrung zu machen, beteiligt zu sein – in Gremien, bei Wahlen oder Abstimmungen in Gruppenstunden (ebd.). Diese Art, Demokratie zu erleben wird als eine wertvolle Erfahrung verstanden (JDAV 1: 93), die im *doing* passiert (JDAV 2: 94). In der JDAV wird Lernen durch Erfahrung als ein „Mach Mal!" gelebt – sowohl im Zutrauen der Jugendgruppenleiter:innen zu den Teilnehmenden, als auch dem Vertrauen in die Kompetenz der Jugendleiter:innen selbst (JDAV 2: 24, 26). Dabei heißt Bildung durch Erfahrung, dass Gefahren, Limitierungen und eigene Kompetenzen in Einklang gebracht und im Zusammenspiel mit der Gruppe entwickelt werden – was herausfordernd ist, aber „Spaß" macht (JDAV 2: 37). Die Herausforderung liegt darin, „aus der Komfortzone rauszugehen" – ausprobieren zu können und Fehler machen zu dürfen (JDAV 2: 87), aber dabei aufzupassen, dass kein Schaden passiert (JDAV 1: 30). Die Co-Forschenden stellen fest, dass Beteiligung zu gestalten ein Abwägen zwischen Eingreifen und Entwickeln lassen bedeutet und einen Erfahrungsraum für Teilnehmende zu öffnen (JDAV 1: 29). Die grundlegende Frage ist: Bekommen die Teilnehmenden die Inhalte serviert oder entscheiden sie für sich? Die Beantwortung dieser Frage ist für das Gruppenklima wichtig (JDAV 2: 17) – der:die Jugendleiter:in prägt dadurch eine „Tradition" des Miteinanders (JDAV 2: 24); Freiheiten in Gruppen zu geben, führe zu Selbstvertrauen bei den Teilnehmenden und wird von diesen auf andere Situationen übertragen. Die Co-Forschenden sind sich dabei ihrer Vorbildfunktion bewusst: Zum einen lernen Teilnehmende, wie sie als Leitung bspw. einen Konflikt lösen (JDAV 1: 32), zum anderen sehen sie, wie Ämter ausgefüllt werden (JDAV 1: 97). Dieses Vorleben eigener Werten und einer beteiligenden Haltung führe zum eigenen Engagement der Teilnehmenden, beispielsweise auf eine Demo zu gehen, ohne dazu animiert worden zu sein (JDAV 1: 82).

Die Co-Forschenden nennen die verbandsinternen *Gruppenschulungen* und deren Reflexion als wichtige Lernfelder für die eigene Demokratiebildung (JDAV 1: 20). Die Grundausbildung in der Jugendarbeit dient als Reflexionshintergrund, die Inhalte der Schulungen sind aber nicht präsent (JDAV 1: 26; JDAV 2: 19). Die Schulungen helfen dabei, sich verbandsintern zu vernetzen, der Vernetzungsgrad der Sektionen wird jedoch als entwicklungsfähig gesehen (JDAV 2: 17). Die Juleica und ihre Inhalte spielen keine Rolle in der Diskussion.

Wichtig ist den Co-Forschenden, den Teilnehmenden in den Gruppenstunden nicht nur Freiräume für Entscheidungen zu geben, sondern diese auch zu *reflektieren*. Dies wird als bewusste demokratische Bildung gesehen und ist elementarer Teil des Lernens (JDAV 1: 23- 26). Diese Reflexion zu initiieren, ist Aufgabe eines:r Jugendleiter:in (JDAV 1: 25) und mache gute Jugendarbeit aus (JDAV 1: 30).

Die Abgrenzung zum *Politischen* wird sehr deutlich wahrgenommen: Demokratie(bildung) und Politik sind getrennte Sphären (JDAV 2: 10). Demokratielernen im JDAV führt aber an politisches Bewusstsein heran (JDAV 2: 88), indem begleitete Demokratiebildung im Jugendverband zu politischen Fähigkeiten führt (JDAV 1: 77). Politische Bildung ist dabei auch, Demokratie zu lernen und vor allem Partizipation praktisch zu üben (JDAV 2: 76). In diesem Zusammenhang wird von den Co-Forschenden auch erläutert, dass in der JDAV aktuelle gesellschaftliche Themen in den Gruppen diskutiert werden (JDAV 2: 21) – als Beispiel wird das Thema „Nachhaltigkeit“ (JDAV 2: 39) genannt.

4.1.1.8 Demokratieverständnis

Das Demokratieverständnis der Co-Forschenden ist: *Demokratie muss gelebt werden*. Vor allem in den Gruppen möchten sie dafür Sorge tragen, dass Minderheiten nicht untergehen in der großen Menge (JDAV 1: 34) und Teilnehmende darauf vorbereiten werden, dass man sich durch Demokratieprozesse „durchbeißen“ muss (JDAV 1: 54). Kinder sollen die Möglichkeit haben, in Abstimmungen Entscheidungen treffen zu können. Und Gruppenleitende wollen mit ihnen auf Augenhöhe agieren – auch bei kontroversen (Schutz-) Themen (JDAV 2: 23). Sie wollen Kindern „beibringen“, eine eigene Meinung zu vertreten – unabhängig von dem sozialen Hintergrund (vgl. Hürden, JDAV 2: 76). Sie selbst fanden es eine „supercoole“ Erfahrung, als junge Mitglieder mitgenommen zu werden, sich auszuprobieren und die Meinung sagen zu können (JDAV 2: 86). Diese Erfahrung prägt ihr eigenes Verständnis von Demokratie. Wichtig ist den Co-Forschenden dabei, dass alle Mitglieder Mitspracherechte haben und gehört werden sollen (JDAV 2: 3). Sie wollen die Schwelle senken, dass andere sich beteiligen können (JDAV 2: 71), indem sie die Teilnehmenden an die Hand nehmen (JDAV 1: 54) und ihnen auch in der Jugendvollversammlung zeigen: „es ist euer Verein“ (JDAV 1: 15). Andererseits merken sie, dass durch Demokratie „alles total kompliziert“ gemacht wird und fragen sich: „muss das im JDAV sein“? (JDAV 1: 57).

Die Möglichkeit zur *Nicht-Beteiligung* wurde wenig diskutiert, Teilnehmende müssen sich nicht beteiligen, wenn die Themen sie nicht interessieren (JDAV 2: 4) und Uneinigkeit muss man auch hinnehmen können (JDAV 2: 34). In kleinen Sektionen wird *direkte Demokratie* erlebbar: „man trifft sich so oder so und dann werden die wichtigen Themen halt locker besprochen und wir haben viel mehr Diskussionen wirklich über das politische Geschehen". Diese „direkte Demokratie" ermöglicht schnelle Klärungen (JDAV 2: 19). Was die Amtszeit anbelangt, sollen Gewählte nach zwei Perioden aufhören, damit Neue nachkommen und „nicht so der Eindruck entsteht, das ist sowas Unbewältigbares oder so" (JDAV 1: 96). Was die *Wahlen* anbelangt, haben die Co-Forschenden den Eindruck, dass ‚echte' Wahlen nicht vorkommen – weil es keine Kandidat:innen gibt (JDAV 1: 120). Bei ‚echten' Wahlen können Kandidierende den Umgang lernen, wie es ist gewählt oder auch nicht gewählt zu werden – denn auch der Umgang mit Niederlagen ist wichtig (JDAV 1: 124). Vor allem sollten Mitglieder durch Wahlniederlagen nicht die Motivation verlieren (JDAV 1: 118) und Verlierer:innen sollten Sieger:innen „nicht stören, sondern helfen" (JDAV 1: 123) und die Ergebnisse akzeptieren (JDAV 1: 123).

4.1.1.9 Unterschiede zu anderen Verbänden

Die Co-Forschenden sehen ihren Verband als einen Ort, an dem Kinder und Jugendliche in ihrem „überreguliertem Schul- und irgendwie Familienalltag" einen neuen „Rahmen" finden können (JDAV 1: 24). An diesem Ort sind die Aspekte Demokratie, Meinungsbildung und Entscheidungen „einfach deutlich effizienter" als in „Nicht-JDAV" Orten (JDAV 1: 58). Die Strukturen der JDAV werden als demokratischer wahrgenommen, als in Sportvereinen (JDAV 2: 70) oder in der katholischen Kirche. Ein:e Co-Forschende:r erlebte sich in der Jugendarbeit dort als „Kommunikationsüberbringer zu den Messdienern" (JDAV 2: 72), den Jugendlichen wurde „eine Meinung vorgeschrieben" (JDAV 2: 72). In der JDAV fühlte er bzw. sie sich dagegen willkommen: „Aus der Jugendarbeit in der Kirche auf einmal in so einen offenen Verein zu kommen, wo so viel eben diskutiert wurde und wo man willkommen war und ja quasi reinpassen konnte" (JDAV 2: 88).

Im Gegensatz zu *Parteien und Politik* wird die JDAV als „unendlich viel leichter" erlebt, denn, „wenn man im JDAV was verändern will, geht man halt auf die Vollversammlung" stellt sich für bestimmte Posten auf und kann dann verändern (JDAV 1: 74). Dies drückt sich auch in einer finanziellen Freiheit aus: „Die Sachen werden immer erstattet, so wie es vorher zugesagt wurde" (JDAV 2: 69) und es gibt „da im Prinzip keine finanziellen Schwierigkeiten" (JDAV 2: 69) im Gegensatz zu anderen Jugendverbänden. In Parteien und anderen demokratischen Organen sei weniger „die Bereitschaft da, Dinge zu erklären" (JDAV 1: 72) und es gebe keinen fairen Umgang mit Fehlern – in der JDAV werde „nicht öffentlich eine Schlammschlacht über irgendwelche Medien ausgetragen", sondern „dann regelt man das irgendwie, weil man kennt sich" (JDAV 1: 72).

Im Vergleich zu anderen *Vereinen* könne jede:r mit einer Projektgruppe „ein eigenes Projekt irgendwie durchmachen", die JDAV biete da „sehr, sehr viel Freiheiten und sehr, sehr viel Mitbestimmung im Vergleich zu anderen Vereinen" (JDAV 1: 81). Die Freiheit liege darin, dass die JDAV „halt hauptsächlich oder eigentlich nur von Jugendlichen und jungen Erwachsenen geleitet und gemanagt wird" (JDAV 1: 87), die auch eine andere Pädagogik haben als Ältere (JDAV 1: 88). Jugendleitende dürften früh Verantwortung übernehmen und lernen dadurch „nicht mehr das zu tun, was einem nur vorgegeben wird von zu Hause, sondern sich selber ausprobieren zu dürfen" (JDAV 1: 98). Im Unterschied zu anderen Verbänden sinkt in der JDAV nach Ansicht der Co-Forschenden das Alter der Jugendleiter:innen: „früher war das eher so rund um die 27 die Leute vom Alter her, die sich irgendwie engagiert haben und ich habe das Gefühl, das ist in den letzten Jahren schon nochmal Richtung Anfang der 20er" gesunken (JDAV 1: 90). Im Verband gebe es anders „als in anderen Vereinen" eine große „Offenheit und Entspanntheit" (JDAV 2: 4) gegenüber dem Thema Mitsprache und Meinungsäußerung. Da man keine Trainerlizenzen braucht, ist „es eben viel leichter anzufangen, sich zu engagieren" bei Themen und Sportarten, die „derzeit Spaß machen" (JDAV 2: 65). „Dadurch finde ich das ganze so ein bisschen offener und vor allem vielfältiger" (JDAV 2: 65).

Im Vergleich zu anderen *Sportvereinen* wird die JDAV auf Nicht-Leistungsebene als kooperativ erlebt: „Aber in den normalen Gruppen, da wird zusammen für die Gruppen geplant und da wird quasi jede Idee aufgenommen" (JDAV 2: 65) – ohne Konkurrenz der Jugendleiter:innen untereinander. Das Thema Leistung wird an anderer Stelle nochmal thematisiert: „Der Hauptunterschied ist einfach, dass man in der Schule z.B., aber auch beim Hockey und beim Tanzen Leistung bringen sollte. Und in der Jugendgruppe ist es einfach so [...] da ist man halt und man macht das, worauf man Bock hat [...] Also man ist irgendwie nie alleine, kriegt auch nie Ärger, wenn man irgendwelche Leistungen nicht bringt oder sowas und das finde ich eigentlich immer ganz cool" (JDAV 2: 66). Dazu kommt, dass man in der JDAV nicht nur miteinander trainiert, sondern auch „Freizeiten, wo man mal eine Woche auch sozusagen zusammen wohnt oder so" macht – dies bringe dann „so ein ganz anderes Gefühl" (JDAV 2: 67). Die JDAV biete „mehr" als nur Sport: „Abends auf der Hütte sitzen, was zusammen kochen oder Lagerfeuer oder so" (JDAV 2: 67). Dies wird als Unterschied wahrgenommen, denn es gehört „irgendwie zur Jugendarbeit" (ebd.). Allerdings ist in der JDAV die

„Zusammensetzung der Menschen z.B., schon auch sehr einheitlich" was dazu führe, dass „die interessanteren Diskussionen" in anderen Jugendverbänden sind (JDAV 2: 69).

4.1.1.10 Fazit

In der JDAV wurde im Jahr 2019 ein neues Demokratiebildungsverständnis verabschiedet, das ab Januar 2023 umgesetzt werden soll. Bereits jetzt sind durch die Überarbeitung und Anwendung der neuen Mustersektionsordnung – von den Co-Forschenden positiv konnotierte – Veränderungen in den Sektionen spürbar.

Das Forschungsteam schlägt daher für die JDAV vor, dass nach einer gewissen Implementierungszeit evaluiert wird, ob die Umsetzung der überarbeiteten Bildungsziele erreicht wurde oder nicht. Insbesondere solle die neue Satzung eine Loslösung von dem „natürlichen Weg der Vereinsarbeit" (JDAV 1: 101, JDAV1: 199) mit sich bringen – also dem Weg einer „Verbandskarriere" vom Teilnehmenden zum:zur Jugendleiter:in und dann zum:zur Jugendreferent:in. Durch die neue Struktur soll eine breitere demokratische Mitbestimmung gewährleistet werden. Die positiven Stimmen der Co-Forschenden deuten bereits darauf hin, dass dies gelingen könnte, dennoch wäre eine Überprüfung und daraufhin Kommunikation der Ergebnisse aus unserer Sicht angezeigt.

Da die JDAV die „risikoreichste" Jugendarbeit in Form von beispielsweise Sport in den Bergen und der Natur gestaltet, ist die Sicherheit der Teilnehmenden ein wichtiger Aspekt der Jugendarbeit. Gerade in diesem Bereich wurde von den Co-Forschenden eine hohe Ambivalenz und ein Spannungsverhältnis zwischen dem Schutzauftrag auf der einen Seite und der Beteiligung der Teilnehmenden auf der anderen Seite beschrieben. Grenzerfahrungen demokratischer Einstellungen und Verfahren wurden verhandelt: Darf Demokratie und Mitbestimmung zum Schutz aller (Bsp: „wir gehen nicht über dieses Schneefeld") eingeschränkt werden? Wie in Kapitel 5.1. beschrieben wird, empfehlen wir Reflexionsräume im Verband zu eröffnen, die solchen Fragestellungen Raum bieten.

In der Weiterführung dieser Frage wurde von den Co-Forschenden deutlich gemacht, dass sie im Umgang mit diesen Grenzbereichen aber auch weiteren konfliktreichen Gruppensituationen mit Teilnehmenden gern eine höhere Methodenkompetenz hätten, die ihnen dabei hilft, beispielsweise bewusst partizipative Gruppenverfahren einzusetzen, um Entscheidungen demokratischer zu gestalten. Hier ließe sich eine Verbindung von demokratischen Erfahrungen und konkreter politischer Bildungsarbeit herstellen, die in Schulungen oder Gremien bewusst methodische Verfahren konsens- oder kompromissorientierter Entscheidungsfindung vermittelt.

4.1.2. Demokratische Partizipation in der BUNDjugend

In der BUNDjugend sind zentral organisierte Veranstaltungen, Camps und Protest-Aktivitäten die hauptsächlichen Aktionsformen. In der Wahrnehmung der Co-Forschenden gibt es wenige lokale Ortsgruppen mit einer regelmäßig stattfindenden Gruppenarbeit. Daher berichten die Co-Forschenden im Vergleich zu den anderen Jugendverbänden eher wenig von Erfahrungen eines regelmäßigen lokalen Engagements, sondern diskutieren vielmehr über die Beteiligung auf der zentralisierten Ebene im Verband. Diese wird als sehr zugänglich und gestaltbar erlebt – nicht zuletzt wegen des Konsensverfahrens, auf das als Mittel zur Willensbildung und Entscheidungsfindung in den Diskussionen immer wieder verwiesen wird.

4.1.2.1 Ebenen der Mitbestimmung

Die BUNDjugend wird als ein Verband beschrieben, in dem die (Mit-)Gestaltung der Verbandsarbeit leicht möglich ist und gefördert wird. So wird von den Co-Forschenden die *Mitgliederversammlung* beispielsweise als zentrales Mitbestimmungs-Gremium der BUNDjugend beschrieben. In ihr wird „Basisdemokratie“ gelebt (BUND1: 107) und die Mitglieder können tatsächlich den Vorstand und dessen Arbeit beeinflussen (BUND1: 105, 53). Das Verhältnis des Vorstands zur Landesgeschäftsstelle wird dabei als „cool“ gekennzeichnet, die Hauptamtlichen entscheiden nicht, sondern der ehrenamtliche Vorstand wird gefragt (BUND2: 109). Die Arbeit in und mit *Gremien* wird als unterschiedlich zielorientiert erlebt (BUND1: 41), die *Satzung* als Ebene der Mitbestimmung spielt in den Diskussionen keine Rolle.

In Bezug auf die *übergeordneten Strukturen* wird eine hohe Durchlässigkeit und leichtes Weiterkommen in den Mitbestimmungsebenen beschrieben. Von einer AG in die Mitgliederversammlung, dann in den Erwachsenenverband oder die Landesdelegiertenversammlung: „Also das ist halt irgendwie so ein, eher so eine riesige Struktur die irgendwie aus Einzelelementen besteht, und wo man halt irgendwie immer von einer, von einem einzelnen Element zu einem nächsten einzelnen Element weitergehen kann oder in allen gleichzeitig mehr oder weniger drin sein kann, und das ist halt sehr unterschiedlich irgendwie dadurch auch" (BUND2: 97).

Im *Erwachsenenverband* ist es leicht anzukommen, weil viele der Mitglieder dort auch studieren und „es ist jetzt kein so krasser Altersunterschied" (BUND1: 100). Allerdings wird im Erwachsenenverband das Verfahren der Abstimmung als problematisch bezeichnet (BUND2: 32), außerdem, dass man strategisch denken lernen muss, „weil wir ja um jeden Euro mit denen feilschen müssen" (BUND2: 116). Dieses Feilschen wird aber von Erfolg gekrönt, wenn man bspw. eine Personalstelle „abringen" kann. Solche Prozesse werden als Lernfeld der Mitbestimmung wahrgenommen (BUND2: 118).

Dadurch, dass es vergleichsweise wenig ehrenamtlich geleitete lokale Gruppen und Freizeiten gibt, wurde von den Engagierten die *Gruppe* als Ebene der Mitbestimmung auf lokaler Ebene fast nicht diskutiert. Die Gruppen-Ebene der Mitbestimmung bezieht sich auf Orga-Teams, die in hoher Autonomie arbeiten (BUND1: 60) und auf Arbeitsgruppen, die sich thematisch treffen (BUND2: 65). In den Gruppen wird dabei vieles gemeinsam vorangebracht. Kritisch wird in diesem Bereich angemerkt, dass die Landesstelle „echt gute Strukturen hat und Angebote macht", „während halt lokal wie auch [NAME B2] schon gesagt hat, man muss es mehr oder weniger alles selber koordinieren, auf die Beine stellen" (BUND2: 9) – die lokale Ebene ist also wegen fehlender Strukturen aufwändiger zu gestalten (BUND1: 99, 103) und sie ist wenig vernetzt (BUND2: 5). Von anderen wird die lokale Ebene allerdings als „schönerer" Ort des Engagements beschrieben, der unkomplizierter ist. Man muss nicht weit fahren und dort ein ganzes Wochenende verbringen, sondern kann sich „einmal die Woche oder so" treffen und was machen (BUND1: 98). Die Fluktuation der Engagierten ist auf Ortsebene recht hoch, was den Organisationaufwand in der Ortsgruppe, trotz Unterstützung aus der Geschäftsstelle, erhöht (BUND2: 9).

4.1.2.2 Einflussmöglichkeiten

In Fortführung dieser hohen Partizipationsfreiheit wird die BUNDjugend als ein Ort großer Gestaltungsmöglichkeiten erlebt (BUND1: 72), an dem „wir alle Möglichkeiten haben die es überhaupt geben kann" (BUND2: 71). Im Gegensatz zur Schule wird im Jugendverband die Mitgestaltung junger Menschen gefördert (BUND1: 82). Das Potential ist aber irgendwann ausgeschöpft (BUND1: 72) und das führt dazu, dass Menschen, dann so „kritisch und mündig geworden sind", dass sie den Verband verlassen (BUND1: 32). Somit ist eine Grenze des schier unbegrenzten Einflusses (BUND2: 71) die Tatsache, dass „man viel gemacht hat und lange dabei" ist (BUND1: 72). Bis zu diesem Punkt sind die Möglichkeiten zur Gestaltung und Einflussnahme aus Sicht der Co-Forschenden enorm.

In Bezug auf *Haupt- und Ehrenamtliche* wird betont, dass die Ehrenamtlichen als Mitglieder oder als Vorstand „das Rad in der Hand haben" (BUND1: 53). Es dauert zwar, dies zu erkennen, weil über „die Geschäftsstelle so unglaublich viel läuft" (BUND1: 53) und es den Anschein hat, dass „die Geschäftsstelle bestimmt" (BUND1: 53) – aber klar ist letztlich: „Ich (als Mitglied, d. Verf.) bin jetzt selber eine Person, die hier was zu sagen hat" (BUND1: 55). Wie schon angeklungen ist (vgl. Ebenen der Mitbestimmung), wird die Geschäftsstelle als ein Ort gesehen, an dem „geht einfach insgesamt gesehen mehr als jetzt vielleicht in nem kleinen Kaff oder in meinem Wohnort" (BUND2: 7). Die Engagierten finden es „aber total gut auch wie das quasi mit der Geschäftsstelle und den Aktiven quasi abläuft", nämlich in einer offenen Kommunikation, man „fühlt sich auf einer Ebene" (BUND2: 105). Einzige strukturelle Barriere ist, dass nur Mitglieder bei der Mitgliederversammlung abstimmen dürfen (BUND2: 5), Nicht-Mitglieder dürfen aber mitdiskutieren.

Neben den strukturellen Einflussmöglichkeiten wurden auch die *thematischen Einflussmöglichkeiten* diskutiert. Dabei wurde Skepsis deutlich: „Wir diskutieren teilweise jeden Scheiß aus" (S28), aber gerade dies führt dazu, permanent sich selbst zu reflektieren und zu verstehen, was der Verband will und „wer jeder Einzelne darin sein möchte" (BUND1: 28). Auf diese Art lernen Engagierte, die „Mitmachmöglichkeiten" prozesshaft zu verstehen und darüber zu sprechen „was die einzelnen Mitglieder gerade machen und wo es neue Ideen gibt und neue Projekte" (BUND1: 68). Themen, die eingebracht werden, hängen an den Mitgliedern: So sehr sie sich einbringen können, liegt es auch an ihnen, die Themen „zu ziehen und zu sagen: ‚Das suche ich mir jetzt aus, da möchte ich gerne mitmachen, da möchte ich gerne reinschnuppern'" (BUND1: 69) (vgl. auch Grenzen). Wenn Themen feststehen, liegt die Ausgestaltung und das Agendasetting des Themas bei der Person selbst (BUND1: 87), wobei sie viel Unterstützung und Befähigung durch andere Aktive und die Geschäftsstelle erfährt (BUND1: 105). Durch diese Offenheit kommen unterschiedlichste „tagesaktuelle" (BUND2: 44) Themen im Verband zum Tragen – seien es Landtagswahlen (BUND2: 44), Suffizienz oder Kommunikationsarbeit (BUND2: 65), die dann auch miteinander bearbeitet werden, was wiederum sehr motivierend ist (BUND2: 65). Genauso motivierend ist für die Co-Forschenden, dass man Ideen und Themen einfach umsetzen kann (BUND1: 72) und Menschen hat, die „wahnsinnig Bock auf das haben, was sie tun" (BUND2: 89).

Grenzen der Einflussmöglichkeiten liegen in den Interessen (BUND1: 71, 7) und im Wollen der Engagierten (BUND1: 7): Wenn man will, ist der Verband offen und hat viele Möglichkeiten, aber „das liegt auch einfach ganz viel an mir so, dass ich einfach nicht noch mehr machen will oder kann" (BUND1: 45). Andererseits wird befördert und gewünscht, dass man sich einbringt und ausprobiert. Teilnehmen ist zwar auch eine Form von Mitmachen (BUND2: 69), aber es wird nachgefragt, was die Anderen interessiert und wo sie mitentscheiden wollen (BUND1: 84), somit wird angeregt, den „Teilnehmendenstatus" zu verlassen. Dies kann eine Einfluss-Grenze sein, wie folgendes Zitat deutlich macht: „Ich glaub´, dass es so offen und zugänglich ist, ist genau das Problem warum nicht so richtig viele Leute kommen weil, dieses ‚offen und zugänglich und einfach mal machen' bedeutet halt, dass man selber halt auch die Verantwortung übernehmen muss, und dass man selber irgendwie Ideen haben muss und dass man selber irgendwas machen muss" (BUND2: 77). Die Teilnahme steht dabei in allen Bereichen offen – ob in der Küche oder im Orga-Team – alle können dazukommen (BUND1: 56) und werden dann auch angefragt: „hey, willst du nicht da mitmachen?" (BUND1: 68). Dadurch haben Engagierte das Gefühl „so langsam ein bisschen reinzukommen und zu sehen, was es für Möglichkeiten gibt" (BUND1: 68). Dieses langsame „Reingehen" wird als wichtiger Teil des Ankommens im Verband verstanden (BUND1: 84).

4.1.2.3 Selbstwirksamkeit

Selbstwirksamkeit wird, wie bereits angedeutet, in der BUNDjugend als Gestaltungsraum mit dem Anspruch des „Sich-Einbringen-Könnens" verknüpft und durch das Engagement definiert (BUND1: 153). Hierbei sind die Selbstwirksamkeitsebenen „ich war das" (*Individuell*) und „das war ich mit anderen Menschen zusammen" (*Gruppe*) wichtig (BUND1: 90/ BUND2: 65). Im Zentrum steht dabei die Erfahrung: „Man kann als einzelne Person tatsächlich was machen, natürlich mit einer Gruppe zusammen" und dadurch etwas bewirken (BUND2: 157). Wobei die Wirkung nicht nur in einer großen Aktion zu suchen ist, sondern auch in der Fehlerbehebung einer Homepage (BUND2: 159): „cool dass man das so bewirken kann irgendwie". Auf der Wirksamkeitsebene sehen die Diskutierenden es als selbstwirksam an, wenn die Entwicklung weg von einer *„Ergebniswirksamkeit"* zeigt und hin zu einer *„Prozesswirksamkeit"* (BUND1: 85) führt. Ein Aspekt ist dabei, einfach Mal „reingehen" zu können, also mitmachen zu können (BUND1: 84) und (politische) Themen gestalten zu können (BUND1: 87). Dabei sind Beteiligung und Meinungsäußerung wichtige Aspekte (BUND1: 61), aber auch Voraussetzung, denn ich gehe „in die BUNDjugend [...], wenn ich eine Person bin, die Lust hat, sich einzubringen und Partizipation zu erleben und so" (BUND2: 3, 88). Weiterhin ist es den Co-Forschenden in dem Prozess des Einbringens wichtig, dass sie sich *„ausprobieren"* können: „Vielleicht klappt's auch also man kann wunderbare Aktionen machen oder irgendwas bewirken, und wenn's halt nicht klappt, klappt's halt nicht" (BUND2: 63). Neben dieser Offenheit für Fehler ist die Begleitung und Hilfe durch Hauptamtliche des Verbandes (Geschäftsstelle) ein wichtiger Baustein für gelungene Selbstwirksamkeit (BUND1: 73).

Im Bereich der Selbstwirksamkeitserwartung wird deutlich der *Bezug zur Gruppe* formuliert: „Dass ich weiß, dass ich auch was machen kann und wenn ich mich mit mehreren Menschen zusammenschließe, dann können wir alle irgendwie was erreichen" (BUND1: 27). Der Jugendverband soll dabei der Ort sein, an dem die Erwartung „ich will, dass das was wird" dann auch einen Platz findet und sich erfüllen kann (BUND1: 94). Des Weiteren wird die Erwartung „ich habe eine Stimme" auch als Selbstwirksamkeitserwartung in weitere Kontexte übertragen (BUND2: 161) – wie z.B. den Beruf (BUND2: 157), wobei klar wird, dass sich in beruflichen, in jugendverbandsbezogenen und weiteren Lebens-Situationen etwas durch die Tatsache verändert, dass man die Stimme erhebt: „Deswegen" (BUND2: 159) verändert sich etwas. Verantwortung zu übernehmen ist ein „sehr großer Teil" des Engagements im Verband (BUND2: 59). *Verantwortung übernehmen* zu können wird dabei als „politische Mündigkeit" verstanden (BUND2: 57), die sich dadurch äußert, dass es eine geringere Hürde ist „auch einfach zu sagen ‚Ja ich organisiere das'" (BUND2: 155). Die Co-Forschenden achten dabei darauf, dass alle einbezogen sind und ihre Meinung äußern (BUND2: 30) und Aspekte und Themen bearbeiten können (BUND2: 159).

Ob das Engagement in der BUNDjugend als *politisches Engagement* gewertet werden kann, wird nicht abschließend geklärt. Zum einen wird das persönliche Engagement und auch die Schritte dahin als politisches Engagement und somit auch als politische Einflussmöglichkeit verstanden (BUND1: 47). Die Schritte dieses politischen Engagements sind, sich „beteiligen zu können so wie wir wollen, sehr frei unsere Meinung sagen dürfen, und im allerbesten Fall damit auch noch irgendwas ausrichten" (BUND1: 61). Auf der anderen Seite haben die Co-Forschenden keine gemeinsame Definition von politischem Engagement, was für einen Verband der „politische Mündigkeit" als Ziel hat, einen Bildungsauftrag darstellen kann. Eine Annäherung könnte sein, politisches Engagement dort anzusetzen „wo ich ein Anliegen habe und dieses Anliegen irgendwie in der Gesellschaft umsetzen möchte" (BUND1: 46). Für andere ist das Engagement im Verband ein „Sprungbrett" in politische Themen und die Auseinandersetzung damit politische Aktivität, aber nicht das Engagement im Verband selbst (BUND1: 44). Eine weitere Position sieht politischen Aktivismus erst, „wenn sehr viel getan wird, was auch sehr viel an die Öffentlichkeit kommt und Potential für eine große Wirkung hat" (BUND1: 48) und deswegen meint der:die Co-Forschende, „dass ich noch nicht das Gefühl habe, so krass politisch aktiv zu sein" (ebd.). Dennoch wird das politische Engagement gefördert und der „Gesamtverband" diskutiert, wie er politisch einflussreicher sein kann (BUND1: 46). Die argumentativ-kritische Auseinandersetzung mit verschiedenen Themen wird als „Erziehung zur mündigen Bürger:in" wahrgenommen (BUND1: 26). Auch hier ist es den Co-Forschenden wichtig, „Neue" langsam hineinzunehmen, auf Demos vorzubereiten (BUND2: 48) und erstmal die Teilnahme bzw. das Mitmachen zu ermöglichen (BUND2: 69).

Als Motivation zur Beteiligung sehen die Co-Forschenden, dass

- sie angesprochen wurden „hey, willst du nicht da mitmachen" und aktiv und „herzlich" (BUND2: 95) auf andere mit diesem Angebot zugegangen wird (BUND1: 68; BUND2: 86, 89, 93)
- es eine Mitmachbörse gibt, in der „ausgebreitet" wird, wo es „Möglichkeiten zum Beteiligen gibt, einfach zum Mitmachen" (BUND1: 69, BUND2: 87)
- man auch was machen muss – es gibt kein „Serviceangebot" (BUND2: 84)
- Menschen sich altersunabhängig einbringen können (BUND2: 75)
- sie und andere „Bock" haben, freiwillig was zu bewegen und „aktiv zu überlegen" (BUND1: 88)
- sie erleben, dass Gemeinschaft und deren Einsatz etwas bringt (BUND1: 95).

4.1.2.4 Hürden und Grenzen

Die BUNDjugend ist ein Verband von Menschen, die sich kennen und in dem „man oft die ähnlichen Menschen bei den Veranstaltungen" trifft (BUND1: 62). Dies stärkt zum einen das „Wir Gefühl" (BUND1: 66) und zum anderen ist es eine Frage der Offenheit für „Neue" und andere Aktivitäten, die durch die „Geborgenheit" in der Gruppe eingeschränkt werden (BUND1: 66). Die Gruppe, die sich kennt, wird durchaus als grenzziehend wahrgenommen. Dies verstärkt sich noch darin, dass es eine eigene *homogene Kultur* gibt, z.B. „dass das so gang und gäbe ist [...], dass man eben da besonders drauf achtet, [...] diskriminierungsfrei zu sprechen oder zu gendern oder so" (BUND2: 125). Es wird nicht „auf Fehler geguckt oder wenn da jemand jetzt da irgendwie nicht sofort drin ist, ist es kein Problem" (BUND2: 125), aber es kann „überheblich" wirken, weil es in der „Gesellschaft noch nicht überall angekommen" (BUND1: 125) ist. Diese Vertrautheit und das vorausgesetzte Wissen kann eine „Hürde" (BUND2: 135) sein und „abstoßend" (BUND2: 135) wirken, wenn jemand Diskussionsverläufe und dahinterstehende Prozesse nicht kennt (ebd.). Den Co-Forschenden ist „wichtig, dass gerade bei Neueinsteiger:innen, dass die so gut wie es geht unterstützt werden" (BUND1: 95), dass „etwas läuft" (ebd.), sie Zugang finden und sich engagieren können. Das Engagement der jungen Menschen wird mit einem großen Vertrauensvorschuss gefördert (BUND2: 75), aber in diesem engagementbezogenen Zugang steckt eine weitere Grenze, denn sich engagieren zu können, wird auch als Bedingung formuliert: „Man muss einfach auch die Eigeninitiative mitbringen irgendwas machen zu wollen" (BUND2: 79) und „auch die Möglichkeiten nutzen" (BUND2: 79), die der Verband bietet.

Als weitere Grenze des Engagements wird die *fehlende Ortsgruppe* des Verbandes genannt, „weil ich die Menschen vor Ort natürlich viel öfters sehe" (BUND1: 98) und „das hat finde ich auch eigentlich viel mehr Potential" (BUND1: 98), weil man nicht extra hinfahren muss „und nicht direkt ein ganzes Wochenende draufgeht" (BUND1: 98), wenn man eine BUNDjugend Aktion voranbringt. Auf der lokalen Ebene wird als Grenze benannt, dass es keine unterstützende Infrastruktur gibt wie IT, Finanzen oder Räume (BUND1: 99, 9, 13) und auch die Unterstützung für Gruppen fehlt, die „etwas machen wollen und das irgendwie nicht so richtig auf die Reihe kriegen" (BUND1: 99). „Man muss es mehr oder weniger alles selber koordinieren, auf die Beine stellen" (BUND2: 9). Die Ortsgruppen sind sehr fragil, „da sie kleiner sind, oft tendenziell an einer Person so ein bisschen hängen und wenn die dann halt weggehen" (BUND1: 11), gibt es niemanden mehr, der etwas am Laufen hält bzw. „dann gibt's die mal nen Jahr und danach halt nicht mehr“ (BUND2: 17). Und „das lokale Engagement ist eigentlich sau, sau schwierig“ (BUND1: 7), weil eine Ortsgruppe „lokale Mitstreiter“ braucht, die aber oft fehlen (BUND2: 7). Somit ist der Zugang zum Verband über die Ortsgruppe kaum möglich (BUND2: 80).

An einer Stelle wird die *Diskussionskultur* zum Thema gemacht, in der deutlich wird, dass eine „Diskussionen auch mal so aufkommen kann, und man jetzt nicht Dinge abbricht, und sagt ‚Wir müssen jetzt dringend weitermachen‘“ (BUND2: 44). Dies kann eine Grenze darstellen, wenn Diskussionen als „endlos“ und unstrukturiert wahrgenommen werden. Genauso sind sich die Co-Forschenden bewusst, dass durch das Ausprobieren durch junge Menschen und Lernende auch Fehler passieren können und Menschen übersehen werden oder nicht gehört werden (BUND1: 30). An nur einer Stelle wird *Corona* als eine Hürde empfunden, um „irgendwo reinzukommen, wo man nicht schon länger drinnen ist“ - der Zugang zum Jugendverband wird als erschwert wahrgenommen (BUND1: 82).

4.1.2.5 Exklusion und Inklusion

„Wir sind jetzt nicht furchtbar bekannt und darüber wie offen und zugänglich wir sind“ (BUND2: 80). Eine wesentliche Basis der BUNDjugend ist, dass „alle so ein ungefähres Grundverständnis von der Welt“ (BUND2: 44) teilen, eine gemeinsame „Heimat“ und „Zuhause“ haben (BUND1: 62). Wie schon im Bereich Hürden und Grenzen angeklungen, kann diese ‚Heimat‘ auch Grenze für Neueinsteiger:innen sein, wenn es um Sprache geht (BUND2: 115, 125) oder Vegetarismus diskutiert wird: „wenn man als Nicht-Vegetarier und Nicht-Veganer zur BUNDjugend kommt, dass es dann teilweise schwierig sein kann“ (BUND2: 123). Weiterhin wird benannt, dass Themen und Meinungen es manchen „schwierig machen können auch einzusteigen, wenn sie eben nicht dieser Meinung sind oder diese Meinung noch gar nicht kennen“ (BUND2: 123) und der Verband „eher erstmal ein bisschen abweisend“ sein kann (BUND2: 141).

Die Co-Forschenden stellen fest, dass immer wieder Menschen – trotz aller Bemühungen – nicht „in dem Sinne gehört werden, wie sie eigentlich hätten gehört werden sollen“ (BUND1: 28). Einer der Gründe ist, dass andere sich „ausprobieren“ und damit nicht die Erfahrung haben (BUND1: 30), alle einzubinden. Es wird aber versucht, neuen Mitgliedern Prinzipien der Entscheidungsfindung zu erklären (BUND2: 22), bis sie dann selbst darin sicher sind (BUND2: 34). Der Prozess des Ankommens „Neuer" wird als ambivalent empfunden, denn es wird ausgeführt, dass die „Neuen" nachfragen müssen, sie bekommen Vieles nicht einfach so erklärt (BUND2: 147). Es wird wahrgenommen, dass „Neueinsteiger:innen" es schwer haben, denn sie fühlen sich als „haben alle schon immer Ahnung gehabt und ich bin komplett neu und habe keinen Plan" (BUND1: 58). Die Co-Forschenden sind sich bewusst, „dass das halt für manche Menschen, die vielleicht noch ein bisschen schüchterner sind, eh unsicher sind, halt irgendwie nochmal ein Hindernis sein kann" (BUND1: 61). Dies wird dadurch verstärkt, dass das Gefühl, in die Heimat anderer zu kommen, schwierig ist „für alle Menschen, die neu dazukommen möchten, weil die Schwelle dann erstmal hoch ist reinzukommen" (BUND1: 62). Ein Ansatz, diese Schwelle zu senken (BUND1: 62), sind die viermal jährlich stattfindenden Mitmachtreffen, die „dieses Mitmachen, oder Reinkommen tatsächlich einfacher" machen (BUND2: 17) oder eben das Mitdiskutieren bis man selbst „Expert:in" wird (BUND2: 42). Ein weiterer Ansatzpunkt ist die Frage, ob die Schwelle, für ein Wochenende zu zentralen Landestreffen zu fahren, nicht zu hoch ist (BUND2: 80) und der Ausbau von Ortsgruppen als Zugang wichtig wäre (BUND2: 80). Ein weiterer Aspekt ist, den „Neuling" als „voll aktiv" anzunehmen und zu zeigen, „was als nächstes ansteht" (BUND2: 95).

Die Strukturen und *Zugänge zu den Mitbestimmungsebenen* werden aber andererseits als sehr niedrigschwellig erlebt (BUND2: 97, 77), weil man sich leicht „irgendwie aufstellen lassen kann, und dort irgendwie Sachen mitentscheiden" kann (BUND2: 97). Die verschiedenen Ebenen werden auch nicht als „sehr von oben und unten" wahrgenommen und man „fühlt sich da auch irgendwie gar nicht so als würde man mit einer Autoritätsperson unbedingt sprechen" (BUND2: 105). Auch sind Veranstaltungen ein leichter Zugang, auf sie zu stoßen ist aber nicht so einfach. Es bleibt die Frage „viel Werbung machen oder ob diese Mund-zu-Mund-Weitergabe vielleicht auch einfach gut funktioniert?" (BUND2: 82)

Der Verband mit seiner Größe und seiner Ausstrahlung und der Möglichkeit, ähnlich denkende Menschen kennenzulernen wird aber als attraktiv wahrgenommen, um „wiederzukommen" (BUND2: 79). Daneben sind „mitmachen zu können" und „mitgenommen zu werden" zu Veranstaltungen die großen Zugangsmöglichkeiten zum Verband (BUND2: 86). „Wenn man quasi einmal dabei war, ist die Hemmschwelle eigentlich gar nicht mehr da, nochmal bei anderen Sachen dabei zu sein" (BUND2: 93), weil man sich dann schon „inkludiert" (ebd.) und „total herzlich aufgenommen" (BUND2: 95) fühlt.

4.1.2.6 Machtverhältnisse

Die BUNDJugend wird als ein *hierarchiearmer Jugendverband* erlebt – alle Teams werden für jede:n als zugänglich beschrieben, weil „versucht wird, möglichst wenig Hierarchien zu haben“ (BUND1: 56). Im Sinne dieser Beschreibung von flachen Hierarchien, ist klar, dass Ehrenamtliche „das Sagen haben“ und letztlich entscheiden müssen und die Macht haben – auch in der Geschäftsstelle (BUND1: 55; BUND2: 109). Dass es dennoch Hierarchien gibt, wird in einem Einwurf diskutiert, der dazu anregt, diese Hierarchien noch transparenter zu machen, beispielsweise dadurch, dass organisatorische Entscheidungsmacht einem Team zugeschrieben wird und es dann weiß, wofür es zuständig ist (BUND1: 60). Die Engagierten sind sich einig, dass die flachen Hierarchien diskutiert werden müssen (BUND1: 60).

Hauptsächlich wurde das Thema Macht auf der Ebene der *Wissensmacht* diskutiert, die im Sinne eines nicht weitergegebenen Wissens dazu genutzt werden kann, andere zu entmachten und sogar über sie zu herrschen (BUND1: 51). In der Geschäftsstelle wurde erlebt, dass zum einen klar ist, dass die Ehrenamtlichen letztlich entscheiden und dass man als „Neue“ bspw. im Rahmen eines Praktikums auch offen fragen kann (BUND1: 55). Dieses Gefühl, dass man immer fragen kann, bestätigt sich auch in anderen Zusammenhängen im Verband, in dem „speziell gesagt wurde oder aufgefordert wurde nachzufragen“ (BUND1: 56). Diese Offenheit wird jedem Alter zugestanden (BUND2: 75). Allerdings wird deutlich, dass langjährige Mitglieder einen Wissensvorsprung haben (BUND2: 127), dadurch rückwärtsgewandte Argumentationsebenen entstehen und ihnen auch Erfahrungsmacht zugeschrieben wird, auch wenn dies nicht beabsichtigt ist (BUND2: 129-133). Dieses unreflektierte Erfahrungswissen kann „abstoßend wirken […], eben weil schon immer die gleichen Leute dabei sind, und die wissen ja schon und das finde ich einfach so ne kleine Hürde“ (BUND2: 135). Andererseits wird denen, die schon lang im Verband aktiv sind, diese Erfahrung und Reife zugesprochen und als Qualität empfunden (BUND2: 137). Somit ist klar, dass mit längerer Mitgliedschaft Wissen und Kompetenz wächst und es wichtig ist, ansprechbar zu sein (BUND2: 143), „Neue“ mit hineinzunehmen und ihnen Sachverhalte zu erklären oder „Handwerkszeug“ zu zeigen (BUND2: 139). Allerdings wird betont, dass es bei einem neuen Vorstandsposten beispielsweise die Pflicht der neuen Vorstände ist, sich selbst darum zu kümmern, Dinge die sie nicht verstehen, zu erfragen (BUND2: 145): Dies wird geduldig gemacht, wobei „es ist jetzt nicht ganz selbstverständlich, ‚Haja ok du bist jetzt neu, wir erklären dir jetzt alles,'" BUND2: 147) und hier ein Bewusstsein für die Unerfahrenheit der „Neuen" fehlt (ebd.).

Ein kurz andiskutierter Punkt ist die Selbständigkeit des Jugendverbands in Bezug auf den *Erwachsenenverband*. In dieser kurzen Passage werden in der Diskussion die Finanzen angesprochen. Die Co-Forschenden betonen, dass man mit „denen um jeden Euro feilschen" (BUND2: 116) und ihnen finanzielle Zugeständnisse „abringen" (BUND2: 118) muss.

4.1.2.7 Bildungsprofil

Lernen durch Erfahrung wird als wichtiger Bestandteil im Demokratieverständnis der BUNDjugend gesehen. Es ist wichtig, dass Teilnehmende gut moderieren können. Daher sollen Teilnehmende das im Tun (BUND2: 40) oder durch Seminare (BUND2: 22) erlernen. Das Wissen wird dann „von den Alten auf die Neuen übertragen" (BUND2: 22), um Erfahrung weiterzugeben. Dieser Bildungsprozess wird aber nicht „als an der Leine" durchgeführt verstanden, sondern in aller Freiheit (BUND2: 77) können Inhalte und Arbeitsweisen erprobt werden. Die Weitergabe von Wissen und „Handwerkszeug" funktioniert nach Ansicht der Co-Forschenden sehr gut (BUND2: 143). Die Kompetenzen (bspw. Verwaltung der Finanzen, moderieren, fachliche Expertise, Organisation von Veranstaltungen) werden dann auch in das Berufsleben (BUND2: 151) und andere Lebensbereiche übertragen (BUND2: 53; BUND1: 81). Die Co-Forschenden bemerken, dass sie „fürs Leben lernen" (BUND2: 155), im Miteinander lernen (BUND1: 35) und dies sogar ein Bonus bei der Stellensuche ist (BUND2: 153, 157). Sich ausprobieren zu können und auch Fehler machen zu können, ist dabei wichtig (BUND1: 31; BUND2: 61), genauso wie von den „Alten" begleitet zu werden (BUND2: 19) und ein offenes Ohr bei Fragen zu finden (BUND1: 55). Es steckt zur Mitarbeit an, wenn andere voller Elan sind (BUND2: 89) und wenn junge Menschen sehen, dass bspw. Abstimmungen funktionieren (BUND2: 26).

Politische Bildung in Bezug auf aktuelle gesellschaftliche Fragen geschieht in Workshops (BUND1: 107), durch Aktionsformen (BUND1: 26) und Bildungsangebote seitens des Jugendverbandes (BUND2: 26) in denen „man lernt, sich immer wieder weiterzubilden und immer mehr zu lernen und dadurch halt eben auch mündiger zu werden" (BUND1: 31). Auch dieses Lernen und in Kontakt kommen mit politischen Themen wird als politisches Engagement gesehen (BUND1: 44) genauso wie zu lernen, mit Politiker:innen (das erste Mal) in Kontakt zu kommen (BUND1: 45) und die Funktionsweise des politischen Alltags einzuordnen (BUND2: 53). Ein Großteil der kritischen politischen Bildung im Jugendverband geschieht durch Horizonterweiterung in Workshops auf Kongressen des Verbandes. Die Teilnehmenden in diesen Bildungsangeboten sehen „dass halt die BUNDjugend auch ganz viel Bildungsarbeit macht, genau was man für sich in den Alltag mitnehmen kann" (BUND2: 46) – dabei lernen die Teilnehmenden durch Referent:innen Gegebenheiten kritisch (BUND2: 48) zu hinterfragen und diskursiv eine Meinung zu bilden (BUND2: 42).

4.1.2.8 Demokratieverständnis

Wesensmerkmal des Demokratieverständnisses ist, *alle Mitglieder* zu beteiligen. Dies zeigt sich in dem zentralen Anspruch „alle äußern sich" (BUND1: 36) und „Themen werden ausdiskutiert" (BUND2: 21). Auch Nicht-Mitgliedern wird dies bei Mitgliederversammlung zugesprochen – sie dürfen nur nicht abstimmen (BUND2: 5). Es wird als eine gemeinsame Aufgabe verstanden, die Beteiligung von allen zu ermöglichen (BUND2: 24) und darauf zu achten, dass man als Redner:in nicht zu viel Raum einnimmt (BUND2: 28). Diese Form der Beteiligung aller ist nicht nur im Reden und Umgang mit kritischen Beiträgen (BUND2: 59) verankert, sondern auch darin, dass man zusammen kocht oder abspült, Veranstaltungen gemeinsam vorbereitet werden. Die Partizipation der Teilnehmenden ist dabei gegeben, weil alle „also quasi schon mitmachen müssen oder fast mitmachen müssen" (BUND2: 84). Im Verband stehen aber nicht nur persönliche Themen und Kompetenzen im Vordergrund, sondern das persönliche Wohlergehen jeder Person wird wahrgenommen durch bspw. eine „wie geht es mir-Runde" (BUND2: 113) oder eine Blitzlichtrunde (BUND2: 28). Somit ist Mitmachen und Beteiligung für alle Mitglieder auf allen Ebenen offen (BUND2: 71). Auch die schon beschriebene Haltung des sich Nicht-Beteiligens ist völlig in Ordnung, wird aber eher als „Mitschwimmen" (BUND2: 89) oder „Verstecken in der Masse" gesehen (vgl. Exklusion/ Inklusion). An anderer Stelle wird die Rolle von Bedenkenträger:innen thematisiert: „Was auch vielleicht ein Nachteil davon ist, dass die Menschen, die halt tendenziell eher mal Bedenken haben dann noch stärker rausgestellt sind und das Gefühl teilweise vielleicht auch haben, dass sie die Gruppe aufhalten" (BUND1: 37).

Weiterhin werden diese Form der offenen Meinungsäußerung und Beförderung von Themen als *politisches Engagement* gesehen (BUND1: 47): „Also dass wir uns alle beteiligen können, so wie wir wollen, sehr frei unsere Meinung sagen dürfen, und im allerbesten Fall damit auch noch irgendwas ausrichten also das ist für mich alles Politik" (BUND2: 61). Dieses Politische ist aber nicht in der bloßen Mitgliedschaft verankert, sondern braucht aktive Beiträge (BUND1: 48). Die Rolle eines Jugendverbandes ist es, dass Jugendliche „die Hauptgestalter:innen sind, die Menschen, die hauptsächlich da was zu sagen haben" (BUND1: 80).

Das Demokratieverständnis der BUNDjugend kann somit wie folgt zusammengefasst werden: Alle Mitglieder arbeiten gemeinsam und hören aufeinander (BUND1: 34), jede:r hat einen Raum, wo er:sie gehört wird und sagen kann „so und so hätte ich das gerne" (BUND1: 28), es wird eine Umsichtigkeit „gegenüber mir und anderen" (BUND1: 38) gefordert, die im Bewusstsein des gemeinsamen konsensualen Entscheidungsprozesses und eigenen und fremden Bedürfnissen verankert ist (BUND1: 38).

Das *Konsensverfahren* wird in der BUNDjugend als zentrales demokratisches Verfahren bewertet und diskutiert. Konsens ist dabei „Arbeit an mir selber, Arbeit an dem Miteinander: Konsens ist einfach Arbeit" (BUND1: 34). Diese Arbeit dient aber dazu „dass eine Entscheidung für alle tragbar ist" (BUND2: 34) und es eben nicht um die Mehrheit geht, sondern alle Beteiligten in verschiedenen Abfragen zu einer klaren Entscheidung kommen, der alle zustimmen (BUND2: 26). Die Teilnehmenden sind sich bewusst, dass dies ein sehr arbeitsames, aufwändiges, lang erprobtes Verfahren ist (BUND2: 21), um zu gemeinsamen Entscheidungen zu kommen. Aber durch „diesen Arbeitsprozess, weil er einfach gut funktioniert und weil alle Stimmen gehört werden, ist dann auch das Ergebnis für alle zufriedenstellend" (BUND2: 19). Das Konsensverfahren wird als ein internalisiertes Verfahren erlebt, das sehr oft keine Formalisierung mehr braucht, „irgendwie so, dadurch dass alle immer so ein bisschen mitdenken, wer welcher Meinung gerade ist" und das Verfahren gelebt wird (BUND2: 24) – auch dadurch, dass „jeder mal was sagt" (BUND1: 41).

Andererseits sind sich die Teilnehmenden bewusst, dass das Verfahren auch Lücken hat. Es ist kein Verfahren, das einfach funktioniert, sondern gute Kompetenzen wie Moderation oder Fragetechnik braucht (BUND1: 36) und dass Menschen, die die Entscheidung nicht tragen, darin bestärkt werden müssen, ihre Meinung zu sagen damit sie nicht das Gefühl haben, „die Gruppe aufzuhalten, wenn nur wegen ein oder zwei Personen die ganze Entscheidung nicht zustande kommt und dass diese Menschen sich dann eben eher als Belastung und negativ für die Gruppe empfinden" (BUND1: 37). Auch des Einflusses von Beziehungen sind sich die Co-Forschenden bewusst: „Also manchmal kann es helfen, manchmal kann es behindern, so eine emotionale Bindung in diesen Gruppenprozess mitreinzubringen“ (BUND1: 42). Es wurde ausgeführt, dass Abstimmung aber ein legitimes Instrument im Falle einer Nicht-Einigung ist (BUND1: 39).

Im Umgang mit *kontroversen Themen* sehen die Teilnehmenden den Jugendverband als ein Übungsfeld, mit verschiedenen Themen und Meinungen umzugehen und dabei auch Fehler machen zu können: „auch eben diskutieren zu üben oder auch moderieren zu üben in einer kleinen Gruppe von Menschen, bei denen man jetzt weiß, wenn ich jetzt mal einen Fehler mache, dann ist es nicht so schlimm“ (BUND1: 31). Sie sehen die Notwendigkeit, egal mit welchen Verfahren, kontroverse Themen zu diskutieren (BUND1: 41) und sie auch durchdringen zu können. Dieses Fehlen der Meinungsbildung durch Diskussion wird als Nachteil von Abstimmungsverfahren gesehen: „Man hat noch gar nicht ganz gecheckt worum es eigentlich geht, und dann ist die Abstimmung eigentlich schon vorbei“ (BUND2: 36). Eine wichtige Rolle bei demokratischen Verfahren hat die Moderation, die Monologe oder einseitige Redebeiträge verhindert und darauf zu achten hat, dass jede:r gehört wird (BUND2: 38).

4.1.2.9 Unterschiede zu anderen pädagogischen Institutionen

Für die Engagierten ist es in einem Jugendverband wichtig, zu wissen „hey, da geht was, ich kann was erreichen“ (BUND1: 27) und dass die Jugendlichen die Hauptgestalter:innen sind (BUND1: 80). Die Co-Forschenden nehmen Unterschiede zu *anderen Jugendverbänden* wahr (BUND1: 80): Zum einen drückt sich für sie eine Verbundenheit zum Jugendverband schlichtweg dadurch aus, dass sie darin groß geworden sind und ihr Engagement in diesem Jugendverband begonnen hat (BUND1: 75) und er ihr Thema des Engagements, ihren „Interessensschwerpunkt“ bietet: Umweltgerechtigkeit (BUND1: 75). Zum anderen wird die BUNDJugend auch als basisdemokratischer wahrgenommen als andere Verbände (BUND1: 76), vor allem durch die Konsensorientierung (BUND1: 76; BUND2: 30), die Beteiligung aller (BUND2: 30), die Transparenz im Verband (BUND1: 76) und seiner Strukturen (BUND2: 101-103)

Im Gegensatz zur *Schule oder Studium* können die Co-Forschenden sich mit dem beschäftigen, was sie wollen und können darüber entscheiden, ob sie etwas machen wollen (BUND1: 77). Als weiterer Unterschied zur Schule wird die Relevanz der Themen wahrgenommen (BUND1: 81). In der Schule geschieht die Mitsprache auf einer anderen Ebene, weil mehr als die Entscheidung über das Logo des Schulpullovers nicht gefördert wird (BUND1: 82, 84) und weil kein Bewusstsein für die Bedeutung von

Mitgestaltung entsteht (BUND1: 82, 84). Auch der Wirkungsgrad des Engagements und die Motivation zum freiwilligen Engagement mit anderen, die „auch Bock haben“ (BUND1: 88) wird als größer bewertet, man macht etwas nicht nur für sich selbst (BUND1: 85). Auch die Bedeutung einer Wahl im Jugendverband gegenüber der Wahl zum:zur Schülersprecher:in wird als viel relevanter gesehen (BUND2: 53). Das Ergebnis des eigenen Handelns wird zudem als größer bewertet: es kommt etwas raus (BUND1: 95). Sehr wertgeschätzt wird das Wahrnehmen des Wohlergehens aller und die Wertschätzung der Meinung des:der anderen (BUND2: 161) – was dazu führt, auch in anderen Kontexten (z.B. Schule, Studium) die Meinung aller hören zu wollen (BUND1: 81).

4.1.2.10 Fazit

Mehrere relevante Themen lassen sich aus den Diskussionen und Gesprächen von und mit den Co-Forschenden rekonstruieren. Deutlich wurde, dass das angewandte (deliberative) Konsensprinzip von allen – trotz der Umstände Zeit und Kompetenz – als sehr wertvoll und demokratiefördernd erlebt und diskutiert wurde.

Eines der wiederkehrenden Themen in den Gesprächen, war die Frage der lokalen Gruppenarbeit. Die Hürden und der Aufwand, eine solche zu initiieren und aufrecht zu erhalten werden – trotz Unterstützung durch die Geschäftsstelle – als sehr groß wahrgenommen. Es kann aus unserer Sicht eine Aufgabe sein, unter Aspekten der Nachhaltigkeit, des politischen Engagements und Prinzipien sozialräumlicher Jugendarbeit diese Frage einer stärkeren lokalen Verortung der verbandlichen BUNDjugendarbeit in den Blick zu nehmen.

Ein von den Co-Forschenden auf vielen Ebenen angesprochenes Thema war das Thema der „Neuen“ im Verband. Hierbei ist neben den Zugängen (wie kommen „Neue“ in den Verband) auch die Frage gestellt worden, wie sie sich im Verband zurechtfinden. Im Zusammenhang mit dieser Frage wurde aus sozialpädagogischer Sicht ein Spannungsverhältnis zwischen Teilnahme und Mitgestaltung deutlich: nicht jede:r kann und will – so die Co-Forschenden – sich engagieren oder kann diesen Anspruch der kommunikativen Vermittlung und Gestaltung von „Herrschaft“ im Verband erfüllen. Aus demokratietheoretischer Perspektive kann rekonstruiert werden, dass die Gestaltung des *demos* (wer ist das Volk) hierarchielos und mit wenigen Schwellen versehen ist, aber die Ausübung der Herrschaft (*kratein*) mit einem hohen intrinsischen Engagementwillen versehen ist, was als Chance aber auch Hürde beschrieben wurde.

Ein weiteres ambivalentes Thema war die Frage des politischen Selbstverständnisses. Ob das Engagement in der BUNDjugend als politisches Engagement gewertet werden kann, wurde von den Co-Forschenden nicht abschließend geklärt. Sie konnten sich nicht auf eine Definition von politischem Engagement einigen. Die hier gestellte Forschungsfrage bezog sich aber auf demokratische Partizipation im Verband, was von einer politischen Positionierung abweicht. Dennoch könnte es für einen Verband, der „politische Mündigkeit" als Ziel hat, einen Bildungsauftrag darstellen, das politische Selbstverständnis (immer wieder?) zu klären.

4.1.3 Demokratische Partizipation im EJW

Das EJW ist als größter baden-württembergischer Jugendverband außerhalb des Sports sehr heterogen (vgl. Kap. 3.4.3). Die Co-Forschenden aus dem EJW spiegeln die Heterogenität des Jugendverbands wider, ohne jedoch die gesamte Vielfalt repräsentativ abbilden zu können. Nicht die übergeordneten Gremien auf Landes- und Bundesebene stellen den Fokus des Forschungsprojektes dar, sondern die lokale Ebene der Kirchengemeinde bzw. des örtlichen CVJMs sowie die nächsthöhere Ebene des Kirchenbezirks. Alle Co-Forschenden sind auf dieser Ebene aktiv, was nicht heißt, dass sie nicht auch demokratische Erfahrungen auf überörtlichen Ebenen des Jugendverbands machen. Die örtlichen Strukturen sind jedoch höchst unterschiedlich, nicht nur aufgrund der Größe des Kirchenbezirks bzw. dessen Jugendarbeit, sondern auch aufgrund inhaltlicher und struktureller Unterschiede.

4.1.3.1 Ebenen der Mitbestimmung

Die alltägliche Form der Mitbestimmung (*Demokratie als Lebensform*) findet sich im Rahmen der evangelischen Jugendarbeit vor allem in regelmäßigen, häufig wöchentlich stattfindenden Gruppen oder bei Freizeiten. Diskutiert werden in erster Linie Freizeiten. Dabei sei die Mitbestimmung vom Alter abhängig, mit zunehmendem Alter könnten mehr Möglichkeiten der Mitbestimmung gewährt werden (EJW 2: 3). Kindern bleibt vornehmlich die Wahl zwischen verschiedenen Programmalternativen (EJW

2: 7) oder die Möglichkeit „dann halt nachher [zu] sagen, was sie cool fanden und was sie nicht so cool fanden" (EJW 2: 4).

Die Mitbestimmungsmöglichkeiten steigen allerdings nicht nur mit dem Alter, sondern auch mit der Funktion. (Angehende) Teamer:innen haben eher die Möglichkeit, sich auszuprobieren und das Programm mitzubestimmen (EJW 2: 6). Insofern ist es folgerichtig, wenn die Co-Forschenden die Mitbestimmungsmöglichkeiten vor allem auf der Ebene der Teamer:innen verorten (s.u.). Beschrieben wird damit letztlich eine klassische Expert:innen-Demokratie (vgl. Kap. 5.1).

Das Besondere der Jugendverbandsarbeit sind die ausdifferenzierten Strukturen, die Mitbestimmung in demokratisch verfassten Gremien ermöglichen. Hier wird repräsentative Demokratie (*Demokratie als Regierungsform*) erfahren und manchmal auch erlitten, reflektiert und weiterentwickelt. Darin liegt ein wesentliches Potenzial der Jugendverbandsarbeit für die Demokratiebildung.

Die Einschätzungen zur *Delegiertenversammlung*, dem wichtigsten Repräsentativorgan im EJW, sind insgesamt eher zurückhaltend in Bezug auf die Formen und Möglichkeiten der Mitbestimmung, da methodisch wenig auf Diskussion und Meinungsbildung, mehr auf Vortrag und Abstimmung gesetzt wird (EJW 2: 52; EJW 3: 54). Die Bewertungen der *Bezirksarbeitskreise* (Vorstand) fallen gegenüber der Delegiertenversammlung positiver aus, weil der kleinere Kreis „intensiver [ist] und da wird dann auch wirklich inhaltlich gearbeitet" (EJW 2: 52). Es zeigt sich allerdings auch, dass die Strukturen und Gremien sehr unterschiedlich und die Mitbestimmungsmöglichkeiten vom jeweiligen Bezirk abhängig sind. Ein Thema, das die Co-Forschenden im Kontext der Gremienarbeit zu beschäftigen scheint, ist die Altersstruktur in den Gremien. Insb. ist es offensichtlich schwer, jüngere Mitglieder für die Gremienarbeit zu finden (EJW 2: 52).

Die Strukturen des *Landesjugendwerks* sind nicht allen Co-Forschenden vertraut oder sie spielen für sie eine untergeordnete Rolle. Wer aber im Landesjugendwerk aktiv ist, äußert sich positiv (EJW 2: 67). *Kirchengemeindliche Strukturen* erfahren gegenüber den Jugendwerksstrukturen eine weitaus deutlichere Kritik, vor allem, da „die Kirchengemeinde uns nicht als Partner auf Augenhöhe sieht" (EJW 1: 92).

4.1.3.2 Einflussmöglichkeiten

Beim Thema Einflussmöglichkeiten sind im Kontext des EJW prinzipiell drei Personengruppen zu unterscheiden: Hauptamtliche, Ehrenamtliche und Teilnehmende. Die *hauptamtlichen Jugendreferent:innen* werden als Vorbilder charakterisiert, die durch die Art und Weise, wie sie demokratische Mitbestimmung zulassen und vorleben, die „Führungskultur" (EJW 3: 25) im Jugendverband und somit auch die Co-Forschenden in ihrer konkreten Jugendarbeit geprägt haben (EJW 2: 18; EJW 3: 12). Die Zusammenarbeit zwischen Haupt- und Ehrenamtlichen wird insgesamt als sehr gut und „demokratisch" beschrieben (EJW 1: 81), auch wenn es durchaus negative Beispiele von Jugendreferent:innen gibt, die „nicht viel Mitbestimmung zugelassen" haben (EJW 3: 25). Allerdings wird auch darauf hingewiesen, dass zu viel „Gleichberechtigung" und „Demokratie" ehrenamtlich Mitarbeitende „überfordern" kann (EJW 3: 21). Von hauptamtlichen Jugendreferent:innen wird insofern gefordert, eine „Basis zu bieten und den Rahmen zu organisieren" (EJW 1: 82).

Die Gruppe der *ehrenamtlich Mitarbeitenden* wird als zentrale Ebene der Demokratiebildung im EJW wahrgenommen: „Na ja ich glaube in erster Linie erlebe ich Demokratie und Mitbestimmung in Treffen und Vorbereitungstreffen, wo wir gemeinsam entscheiden: Ok, was ist denn das, was wir den Kindern mitgeben wollen?" (EJW 3: 3). Diskutiert wird die gemeinsame demokratische Entscheidungsfindung im Mitarbeitendenkreis vor allem im Kontext von Freizeiten. Die Gestaltungsfreiheit wird dabei als relativ hoch erlebt (EJW 2: 12-14; EJW 1: 6-8). Hier gibt es auch Bemühungen, Nachwuchsmitarbeitende im Alter von 13 bis 14 Jahren durch überschaubare Aufgaben an eine Mitarbeit heranzuführen (EJW 2: 10). Sie bekommen zum Teil erfahrenere Mitarbeiter:innen an die Seite gestellt (EJW 2: 29; EJW 3: 30; EJW 1: 5). Diese sollen nicht bevormundend wirken, denn den Co-Forschenden ist die Mitbestimmungsmöglichkeit als Mitarbeiter:in sehr wichtig: „Ja, wer sich als Mitarbeiter meldet, egal in welcher Funktion, hat natürlich schon ein Mitspracherecht" (EJW 1: 26), denn „was machen, was andere mir sagen, das kann ich woanders auch" (EJW 3: 37).

Bei den *Teilnehmenden* sieht es anders aus: „Bei uns ist der einzige, der oft nichts zu melden hat, wirklich der Teilnehmende" (EJW 1: 11, ähnlich EJW 2: 4). Deren Mitbestimmungsmöglichkeiten beschränken sich beispielsweise im Rahmen von Freizeiten auf die Auswahl eines Angebots unter mehreren Angeboten (EJW 2: 8; EJW 1: 16), auf die Gestaltung eines „Teilnehmer-Tages" (EJW 2: 5) bzw. eines Abends (EJW 2: 8; EJW 3: 6). Ältere Teilnehmende werden auch in die Planung einer Freizeit einbezogen, indem sie zum Beispiel selbst einen Workshop vorbereiten (EJW 3: 6). Die Mitbestimmungsmöglichkeiten sind vom Alter abhängig. Während Kinder offenbar kaum Mitbestimmungsmöglichkeiten zugestanden werden, vergrößern sich die Spielräume für Jugendliche: „So eine komplette Wahlfreiheit lassen wir wirklich Kindern in unserer Jugendarbeit nicht, nur den Jugendlichen“ (EJW 1: 17). Dies hängt vielleicht mit einem grundsätzlichen Zweifel zusammen, ob Teilnehmende überhaupt eine Entscheidung treffen können: „Ich glaube Teilnehmer wissen vielleicht nicht genau, was sie wollen“ (EJW 1: 43). Infrage gestellt wird von einem:einer Co-Forschenden auch, ob es überhaupt Aufgabe von Jugendarbeit ist, Mitbestimmung zu ermöglichen: „Ich bin mir aber auch gar nicht sicher, ob das eine Sache ist, die Jugendarbeit immer leisten muss, dass man den Teilnehmenden, die Wahl lässt, was er denn tun möchte“ (EJW 1: 37). Allerdings gibt es auch Stimmen, die auf die Potenziale möglichst umfassender Mitbestimmung auch für Teilnehmende hinweisen: „Je mehr die mitbestimmen können, desto cooler ist es für die Teilnehmer und desto spaßiger wird es auch“ (EJW 3: 9) bzw. „Wir haben gemerkt, dass die Kids vielleicht doch mehr Bock haben auf Staudamm bauen und im Wald rumrennen und spielen, statt jetzt nochmal keine Ahnung eine Runde wandern gehen oder so“ (EJW 1: 54).

4.1.3.3 Selbstwirksamkeit

Die folgenden Ausführungen betreffen die Erfahrungen und Überzeugungen, die sich für die Co-Forschenden des EJW als Selbstwirksamkeitserwartungen aus der Jugendarbeit ergeben haben und entweder in dieser oder auch in anderen gesellschaftlichen Sphären zum Tragen kommen. Vorangestellt sei ein Zitat, dass die folgenden Einzelmerkmale zusammenfasst: „Ich glaube durch die Jugendarbeit habe ich vor allem gelernt, dass meine Stimme nicht nur eine Meinung ist, sondern die auch wirklich was bewirken kann, indem ich mich für Dinge einsetze, indem ich mit den richtigen Leuten rede, indem ich Strukturen verstehe und weiß, wo ich ansetzen muss, damit ich irgendwas verändern kann“ (EJW 1: 161). Die darin zum Ausdruck kommende Erwartungshaltung, durch den persönlichen Einsatz für Themen, das Bilden von Netzwerken und das Verständnis struktureller Zusammenhänge konkrete Veränderungen anstoßen zu können, wird direkt an die Erfahrungen in der Jugendarbeit zurückgebunden. Um solche Erfahrungen zu machen, bedarf es verschiedener Grundlagen, die im Folgenden skizziert werden.

Die evangelische Jugendarbeit wird als ein Ort beschrieben, an dem sich junge Menschen gemäß ihren *Begabungen einbringen* können - „jeder macht dann das was er am besten kann“ (EJW 2: 19). Dazu bedarf es eines Freiraums und Menschen, die sagen: „[J]a, finden wir toll, mach dein Ding, schau, wen du damit begeistern kannst“ (EJW 1: 137). Da das Wissen um die eigenen Stärken nicht unbedingt allen jungen Menschen zugänglich ist, kommt es vor, „dass man auch einfach manchmal ins kalte Wasser geschmissen wird, sag ich mal und dann irgendwas Neues ausprobieren muss, wo man sich davor eigentlich nicht zugetraut hat“ (EJW 2: 30). Gerade dieses „Zutrauen ist so ein ganz wichtiger Punkt“ (EJW 2: 63). Dabei wird unterstellt, dass diejenigen, die Spielräume eröffnen, sich der Risiken bewusst sind und auf dieser Grundlage bewusste Entscheidungen treffen: „Man geht ganz anders an die Sache ran. Weil man weiß: Die vertrauen mir, die wissen auch warum sie mir das in die Hand geben, die wissen, dass ich das kann“ (EJW 3: 38). Die frühe Verantwortungsübernahme wird als prägend beschrieben „Ich habe neulich mit vier Leuten aus der Jugendarbeit geredet, die da schon jahrelang aktiv sind. Und alle haben gesagt, dass sie am meisten geprägt hat, dass jemand ganz früh gesagt hat: Komm, übernimm Verantwortung“ (EJW 3: 37).

Die Möglichkeit zur *Verantwortungsübernahme* und die damit verbundene Erwartung von Selbstwirksamkeit unterscheidet die Jugendarbeit von anderen gesellschaftlichen Feldern im Erfahrungshorizont der Co-Forschenden: „Also, wenn man in die Jugendarbeit reingeht, auch als Ehrenamtliche, weiß man schon, dass man mitgestalten und mitreden will. Im Kontext Uni oder Arbeitsstelle ist glaube ich eine andere Erwartungshaltung da“ (EJW 1: 136). Ein:e Co-Forschende berichtet von einem Freizeitvortreffen, bei dem auch neue Teamer:innen anwesend waren. Die wurden zunächst nicht gefragt, weil es bestimmte Traditionen und Rituale für die Freizeit gab. Als sie dann doch nach ihren Ideen gefragt wurden, war das Erstaunen groß: „Und das waren so simple Ideen, die super angekommen sind. Das finde ich dann sehr, sehr bereichernd, erstaunlich“ (EJW 2: 25). Die Beharrungskräfte insbesondere älterer Mitarbeitender machen die Grenzen von Selbstwirksamkeitserfahrungen gerade jüngerer Mitarbeitender deutlich: „So verkennt man sonst auch Chancen und dann gehen Leute, weil sie denken: ‚Boa, hier kann ich eh nichts mitbestimmen!‘“ (EJW 3: 28). Neben der großen Bedeutung, die der Mitbestimmung zugesprochen wird, wird in diesem Zitat auch das Thema Verantwortung deutlich, denn die Co-Forschenden sehen es als ihre Aufgabe an, „dass wir Nachfolger bekommen, dass die Leute was aus der Jugendarbeit mitbekommen“ (EJW 3: 61). Wichtig für die Frage der Selbstwirksamkeit ist allerdings nicht nur das Erproben von Verantwortung, sondern vor allem, dass das Engagement in der evangelischen Jugendarbeit von anderen wertgeschätzt wird (EJW 2: 19; EJW 1: 137; EJW 3: 44).

Neben der praktischen Jugendarbeit ist die evangelische Jugendarbeit zudem ein *Ort des Diskurses*. Auch darin liegt ein Potenzial für Selbstwirksamkeitserfahrungen, allerdings auf einer anderen Ebene. Die jungen Menschen erleben, „dass meine Meinung, egal in welche Richtung sie geht, oder wie blöd dann auch die Idee ist, oder so, dass sie gehört wird und dass sie was bewirken kann" (EJW 3: 93). Diese Erfahrungen eröffnen die Co-Forschenden auch ihren Teilnehmenden bzw. jungen Mitarbeitenden, denn sie merken: „Die Motivation ist auch immer eine ganz andere, wenn die selber mitbestimmen dürfen" (EJW 3: 7). Dabei geht es nicht nur um die Motivation zum Mitmachen, sondern auch zur Verantwortungsübernahme: „Ich habe das Gefühl, wenn man mehr mitbestimmen kann, übernimmt man auch mehr Verantwortung. Und das ist man sich ja auch selber bewusst. Und daran kann man glaube ich richtig wachsen, weil man realisiert, so: Ok, meine Meinung ist wichtig" (EJW 3: 37). Diese Erfahrung der Relevanz der eigenen Meinung wird auch daran festgemacht, dass die Teilnehmenden der eigenen Gruppen die Meinung der Leitungen ernst nehmen: „Ich habe zum Beispiel jahrelang die Jungschar gemacht und dann irgendwann gemerkt: Oha, krass, die geben ja voll was auf meine Meinung. […] Weil ich vorher immer so gesagt habe: Ja, ich versuch das jetzt mal und gebe mein Bestes. Und dann irgendwie rückgespiegelt zu kriegen, dass irgendjemand zu dir aufschaut auch, finde ich, ist dann irgendwie ein Gefühl, wo du merkst: Ok, krass, in dem Moment, wo ich das gesagt habe muss das schon irgendwie sinnvoll gewesen sein" (EJW 3, 43). In diesem Zitat wird deutlich, wie sehr junge Menschen an der Vorbildfunktion, die sie einnehmen, wachsen können und wie viel die Reaktion von Teilnehmenden für die Erfahrung der Selbstwirksamkeit bedeuten.

Selbstwirksamkeitserfahrungen in der Jugendarbeit haben Auswirkungen auf andere gesellschaftliche Sphären. Allerdings ist es fraglich, ob gesellschaftliches Engagement „allein auf die Jugendarbeit zurückzuführen [ist]" (EJW 2: 85) oder ob es „eher so eine Grundeinstellung, woanders mitmachen zu wollen. Mithelfen zu wollen" (EJW 2: 86) ist. Zu den Lernfeldern der evangelischen Jugendarbeit gehört auf jeden Fall eine gewisse Form von *Solidarität*, „dass es eine Gesellschaft gibt, dass es eine große Gruppe gibt und das gehört ja eben auch zu dem Demokratieverständnis dazu, dass es nicht um den Einzelnen geht, sondern um alle" (EJW 3: 85).

Verantwortungsübernahme betrifft dabei nicht nur konkrete Aufgaben, sondern die Erfahrungen in der Jugendarbeit bewirken auch, zur eigenen Meinung zu stehen und ggf. Konsequenzen zu tragen: „Auch prinzipiell der Grundgedanke, Verantwortung zu übernehmen durch die Entscheidungen, die man trifft, wird glaube ich durch die Jugendarbeit auch einfach gefördert. Also, dass man im betrieblichen Umfeld oder im studentischen Umfeld sich nicht davor erschrickt, seine eigene Meinung zu sagen oder auch Entscheidungen zu treffen. Und für die auch entsprechend die Konsequenzen, sage ich mal ganz hart, entsprechend auf sich zu nehmen oder eben das, was daraus folgt" (EJW 2, 91).

Ambivalent sind die Meinungen zum *politischen Engagement*, deshalb werden sie hier gesondert dargestellt. Grundsätzlich wird in den Selbstwirksamkeitserfahrungen in der Jugendarbeit zwar ein Ausgangspunkt für ein politisches Engagement gesehen, gleichwohl ist politisches Engagement keine zwingende Folge der Jugendarbeit. Das Meinungsspektrum umfasst dabei Aussagen, die die Jugendarbeit als wichtiger gegenüber einem politischen Engagement darstellen: „Das Jugendwerk ist einfach eine Herzensangelegenheit von mir. Da hänge ich mich viel lieber rein als, wenn ich jetzt eine Petition starte für weniger Autos in [STADT]. Das macht mir einfach viel mehr Spaß und ist mir persönlich auch viel wichtiger" (EJW 1: 140). In diesem Zusammenhang wird auch darauf hingewiesen, dass aufgrund des knappen Zeitbudgets Prioritäten gesetzt werden müssen: „Kapazität ist halt eben vielleicht da für Jugendwerk oder für politisches Engagement, aber beides wirklich umfassend und gründlich und gut genug zu machen, dass es meinen Ansprüchen an meine Arbeit genügen würde, so viel Zeit habe ich halt einfach nicht" (EJW 1: 161). Eine andere Position sieht in der Jugendarbeit den Anlass dazu, „dass ich in eine Partei eingetreten bin und mich politisch engagiere und was auf die Beine gestellt habe und so" (EJW 1: 160).

Die Aussagen zu „politischen" Debatten innerhalb der Jugendarbeit und die damit zusammenhängende Möglichkeit, Meinungen zu testen und zu diskutieren, wird ebenfalls ambivalent eingeschätzt. Auf der einen Seite steht der Wunsch, dass das Jugendwerk „politischer" wäre (EJW 2: 104) und sich öfter zu Themen klar positioniert (EJW 3: 87). Auf der anderen Seite wird darauf hingewiesen, dass gerade politische Themen wie „Umwelt-Politik", „Rassismus", „Ausgrenzung" (EJW 2: 105) oder „Wählen ab 16" (EJW 1: 142) inzwischen mehr Raum einnehmen bzw. dass auch in Andachten und Impulsen immer wieder politische Themen aufgegriffen werden (EJW 3: 86). Diese Aussagen betreffen die politische Bildung im eigentlichen Sinne, sie stehen nicht im Mittelpunkt dieser Studie.

4.1.3.4 Hürden und Grenzen

Die in den Gruppendiskussionen thematisierten Grenzen demokratischer Mitbestimmung sind vielfältig. Am intensivsten wurde in diesem Zusammenhang über das Spannungsverhältnis zwischen dem *pädagogischen Auftrag* (auch Schutzauftrag) einerseits und dem Anliegen möglichst breiter Mitbestimmung andererseits diskutiert. Deutlich ist den Co-Forschenden, dass die „Verantwortung für die Gruppe, mit der man unterwegs ist" (EJW 2: 17) an bestimmten Stellen Einschränkungen der Entscheidungsfreiheit der Gruppe mit sich bringt. Diese liegen zum einen in den „rechtlichen Rahmenbedingungen" (EJW 3: 42), in objektiven Gefahren - „Wenn es jetzt blitzt, wenn man baden geht, dann wäre es schlecht" (EJW 1: 51) – oder generell in Entscheidungen, die „jemand einzelnem dann so fundamental mehr schaden würde[n] als nachmittags schlechte Laune zu haben" (EJW 3: 44).

Diskutiert wird aber auch, dass es Aufgabe von Mitarbeitenden in der Jugendarbeit ist, Grenzen zu setzen, damit „das Ganze nicht in irgendwelche Richtungen abdriftet, die man nicht haben möchte" (EJW 2: 18) – was konkret hier gemeint ist, wird allerdings nicht deutlich. Ebenfalls ist es Aufgabe, dort Grenzen zu setzen, wo „die Schüchternen sich dann gar nicht erst trauen ihre Meinung wirklich preiszugeben oder zu äußern, weil es dann heißt: ‚Ö, ja wenn du dafür nicht bist, dann bist du blöd'" (EJW 3: 15) oder wenn die gesamte Planung über den Haufen geworfen würde: „Also eine Mitbestimmung ist zum Beispiel nicht möglich, wenn jetzt die Jungschar sagt: ‚Hey, an dem Tag gehen wir in die Wilhelma' und dann will aber plötzlich jemand Fußball spielen, dann gibt es da eben keine Mitbestimmung, aber in dem Jahresplan an sich können die Teilnehmer immer mitbestimmen" (EJW 3, 9).

Neben diesen Grenzen, die aktiv durch Mitarbeitende zu beeinflussen sind, sehen die Co-Forschenden auch Hürden für demokratische Mitbestimmung in *institutionellen bzw. gesellschaftlichen Rahmenbedingungen*. Dazu gehört z.B. die geringe Verweildauer im Jugendverband: „Was man allerdings auch immer merkt, ist, dass es sehr schwer ist, die jungen Leute längerfristig mit reinzunehmen. Weil, ich sage mal, du brauchst ein Jahr oder zwei bis du mit dem Gremium vertraut bist, bis du mit den Inhalten, mit den Gepflogenheiten, mit den Themen vertraut bist. Und dann ist bei vielen jungen Leuten in der Tat das Problem, [...] dass sie dann meistens eben mit 18 nach dem Abitur oder nach ähnlichem wegziehen" (EJW 2: 57). In diesem Zusammenhang wird auch über knappe Zeitressourcen diskutiert: „Zeit ist das größte Problem, das wir haben" (EJW 1: 109).

Damit einher geht eine gewisse Skepsis gegenüber „basisdemokratischen Prozessen", die als „unnötig kompliziert" erlebt werden (EJW 1: 44). Eine weitere Hürde, die angesprochen wird, ist die steigende Bürokratie (EJW 3: 34), die auch in der Jugendarbeit zu Dokumentations- und Nachweispflichten führt.

Erstaunlich wenig wird über die Folgen der *Corona-Pandemie* auf die demokratische Mitbestimmung diskutiert. Die Einschränkungen scheinen vielmehr zu neuen Aktionsformen (EJW 2: 74) und neuen Verfahren der Entscheidungsfindung geführt zu haben (EJW 2: 75), die jedoch nicht negativ bewertet werden. Mit Blick auf den Jugendverband werden allerdings manifeste Traditionen als Hürde gesehen: „Bei uns ist es auch voll oft so, dass wir einfach immer alles gleichmachen, weil man es so kennt" (EJW 2: 27). Dies führe dazu, dass neue Ideen selten geäußert werden und gerade jüngere Mitarbeitende eingeschüchtert seien oder gar nicht erst „mit rein gelassen" werden (EJW 3: 33). Mit Blick auf die jugendlichen Teilnehmer:innen wird schließlich die Pubertät als Hürde identifiziert, in der die Mitbestimmung schwierig sei: „Weil gerade in diesen pubertären Phasen fällt es schwer wirklich eine eigene Entscheidung zu treffen finde ich" (EJW 3: 16).

4.1.3.5 Exklusion und Inklusion

Zur Frage, wie exklusiv die evangelische Jugendarbeit ist und wo sich Grenzen demokratischer Teilhabe verorten lassen, sind zwei Diskussionsebenen zu unterscheiden. Zum einen geht es um Grenzziehungen beim Zugang zum Jugendverband, zum anderen um Grenzziehungen innerhalb des Jugendverbands, etwa beim Zugang zu Gremien.

Von vielen Diskussionsteilnehmenden wird der *Zugang zur evangelischen Jugendarbeit* als recht niedrigschwellig bezeichnet: „Es ist jeder willkommen, es wird jeder gleichermaßen wertgeschätzt, da wird keiner benachteiligt" (EJW 3: 66). Diese Gleichheit ist Ausdruck einer geteilten christlichen Wertebasis: „Ja, ich glaube auch, dass diese Gleichheit einfach was Demokratisches ist, was die Jugendarbeit ganz besonders macht, weil uns ist allen klar, wir sind alle Brüder und Schwestern und wir sind alle von Gott geliebt und diese Gleichheit gibt uns auch allen denselben Wert" (EJW 3: 67). Gerade Kinder schätzen zudem den fehlenden Leistungsdruck, beispielswiese in der Jugendschar und sagen: „Das ist so schön, hier kann ich einfach so ich selber sein und muss gar nichts leisten. Und in der Schule muss ich immer das und das machen. Und dann im Fußball muss ich da beim Turnier mitspielen. Und hier können wir einfach zusammenspielen und Spaß haben" (EJW 2: 82). Die Kehrseite der geteilten Wertebasis wird allerdings in einer gewissen *Homogenität* gesehen, die Meinungsunterschiede und demokratische Aushandlungsprozesse selten machen: „Als Christ oder als Mitarbeiter in der evangelischen Jugendarbeit hat man ja einen gewissen Grundkonsens. Darum kommen natürlich auch teilweise weniger verschiedene Meinungen aufeinander, wodurch es auch weniger krasse Diskussionen gibt, was nichts Schlechtes sein muss, aber dadurch lebt man natürlich, wenn man es jetzt mal so sagen möchte, in gewisser Weise in so einer Blase von Gleichgesinnten“ (EJW 1: 189). Die Aufgabe sei es deshalb dafür Sorge zu tragen, dass die evangelische Jugendarbeit „nicht zu einem exklusiven Club“ wird (EJW 3: 78).

Im Vergleich zum Jugendverband wird der *Zugang zu den Gremien* innerhalb des Jugendverbands als durchaus voraussetzungsvoll beschrieben. Das liegt zum einen daran, dass die Aufgaben der einzelnen Gremien gar nicht unbedingt klar sind: „Man wusste zwar da, also im Ortsjugendwerk gibt es dann auch einen Vorstand. [...] Aber was macht der, was tut der eigentlich, wusste man nie“ (EJW 2: 60). Zum anderen werden Gremien, etwa die Delegiertenversammlung, als nicht attraktiv für Jüngere bewertet: „Es ist für alle halt so ein Pflichttermin. Und dann kommen halt vor allem die älteren Leute aus den Gemeinden, weil die sich noch verbunden fühlen“ (EJW 3: 52). Ein weiteres Zugangsproblem wird in Gremien gesehen, die von relativ festen Gruppen dominiert werden, die den Zugang zu attraktiven Gremien oder Aktionen kontrollieren und einschränken (EJW 1: 59), so dass es „extrem schwierig [ist], da reinzukommen“ (EJW 2: 56). Ein:e Co-Forschende:r fände es gut, „wenn wir das offen kommunizieren, wenn da eine Stelle frei ist. Und dass wir dann die Leute Interesse bekunden lassen und die dann sozusagen (..) ja, sich einfach melden und sagen: ‚Ich hätte da Lust teilzunehmen‘“ (EJW 3: 32). Das weist darauf hin, dass die Vakanz von offenen oder zu besetzenden Positionen bislang nicht kommuniziert wird.

Ebenfalls als schwierig wird der Zugang zu den Gremien *übergeordneter Strukturen* bezeichnet. Auch hier scheinen Informationen zu fehlen: „Und dann war ich zum ersten Mal quasi in der Landesstelle und ich wusste davor nicht mal, dass die existiert und dass die so allgemeine Sachen rausgibt an Bezirke und habe dann doch gemerkt, was das eigentlich für ein Potenzial ist“ (EJW 3: 52). Andererseits werden übergeordnete Strukturen zwar gekannt, aber aus zeitlichen Gründen nicht besucht: „Die [NAME BEZIRKSJUGENDWERK] hat bei uns immer einmal im Jahr ein Forum, ich selber war da auch noch nie da, aber ich habe gehört, das ist toll und sehr basisdemokratisch und man diskutiert, was die [NAME BEZIRKSJUGENDWERK] so machen möchte und wie sie sich ausrichten soll und Blabla Blubb. Könnte man alles machen, könnte man seine eigenen Ideen einbringen und umsetzen“ (EJW 1: 131).

4.1.3.6 Machtverhältnisse

Ein zentrales Thema der Co-Forschenden aus dem EJW ist die *Selbständigkeit* des Jugendwerks, die vor allem am Thema Finanzen festgemacht wird. Die Einschätzungen zur Selbständigkeit gehen dabei weit auseinander. Es findet sich auf der einen Seite die Wahrnehmung der Jugendarbeit als wenig selbständig in einer eher „vorschlagende[n] Rolle“ (EJW 2: 67), wobei wesentliche Entscheidungen in den Gremien des Kirchenbezirks gefällt werden. Dieser wird als „sehr knauserig“ (EJW 3: 54) beschrieben. An dieser Stelle endet dann auch die demokratische Mitbestimmung: „Sobald es um Geld geht, also ganz konkret um Personalkosten finde ich die Demokratie in der Jugendarbeit unzureichend“ (EJW 3: 54).

Andere Positionen betonen, dass zwar die Finanzierung von Personalstellen über den Kirchenbezirk läuft, aber andere finanzielle Fragen vom Jugendwerk selbständig entschieden werden können (EJW 1: 94). Dies wird als positiv erlebt: „Das ganze Freizeit-Thema und so finanzieren wir selber und haben da auch die Entscheidungsmacht. […] [M]an muss sich nicht gegenüber jemand anderem rechtfertigen, für was wir unser Geld ausgeben. Und das finde ich sehr angenehm“ (EJW 2: 70). Am anderen Ende des Meinungsspektrums finden sich Positionen, die das Jugendwerk als „extrem eigeständig“ bezeichnen (EJW 1: 60). Darin wird auch eine besondere Wertschätzung für die ehrenamtliche Arbeit gesehen: „[W]ir spielen da auch schon eigentlich mit einer Menge Geld herum eigentlich als Ehrenamtliche“ (EJW 2: 72).

Ein weiteres Thema, das in der Kategorie der Machtverhältnisse diskutiert wird, ist der *Wissensvorsprung*, den ältere Ehrenamtliche gegenüber jüngeren Ehrenamtlichen haben. Zwar wird einerseits auf das Potenzial hingewiesen, dass insbesondere in jüngeren Mitarbeitenden liegt: „Was ich an den jungen Mitarbeitern oft schätze ist: Die haben frische Ideen. Die bringen immer frischen Wind mit rein. Die haben eine Vision, die wollen sich einbringen“ (EJW 3: 29). Andererseits wird ein „Gefälle“ (EJW 1: 59) zwischen den unterschiedlichen Generationen von Mitarbeitenden beschrieben, das nicht produktiv und demokratisch wirkt, sondern eher Engagement hemmen kann: „Also das ‚Dürfen‘ ist glaube ich nicht das

Problem, eher das ‚Wissen', was da denn alles geht" (EJW 1: 131). Als sehr machtvoll werden zudem die kirchlichen Strukturen erlebt: „Bei uns ist auch der Dekan extrem mächtig, was der Dekan will, passiert" (EJW 1: 99). In diesem Zusammenhang wird auf Grenzen der Mitbestimmung für Jugendliche bzw. das Jugendwerk hingewiesen (EJW 1: 97; EJW 3: 55) und ebenfalls ein „Gefälle" beschrieben, das dazu führt, dass sich die Befragten „nicht auf Augenhöhe" wahrgenommen fühlen (EJW 1: 58).

4.1.3.7 Bildungsprofil

Die Co-Forschenden sehen weit überwiegend im EJW einen zentralen Ort ihrer eigenen Demokratiebildung. Stellvertretend sei ein zentrales Zitat vorangestellt, das diese Bewertung deutlich macht: „Mir fällt kein anderer Ort ein, wo ich Demokratie gelernt habe könnte, weil ich sonst keinen anderen Ort so direkt demokratisch wahrnehme wie die Jugendarbeit" (EJW 1: 178).

Das EJW hat den Anspruch, ehren- und hauptamtlich Mitarbeitende durch Beratung, Seelsorge, Fortbildung und Arbeitshilfen bei ihrer Jugendarbeit in den Kirchengemeinden und Kirchenbezirken bzw. in übergemeindlichen Projekten zu unterstützen und zu fördern. Dazu werden zahlreiche Schulungen in unterschiedlichen Rubriken über die Internetseite www.ejw-bildung.de angeboten. Hinzu kommen Bildungsangebote auf der Ebene der Bezirksjugendwerke. Inwiefern aber tragen diese Bildungsangebote zur Vermittlung politischer Inhalte, zur Erfahrung und Reflexion von Demokratie und Mitbestimmung bei?

Die Gruppendiskussionen mit Ehrenamtlichen im EJW zeigen eindeutig, dass die Co-Forschenden den *Schulungen* eine sehr geringe Rolle im Kontext der Demokratiebildung zugestehen. Über Juleica-Schulungen wird kaum gesprochen, auch auf Nachfrage hin nicht. Jenseits dieser formalen Schulungen ist die Einschätzung zu Bildungsinhalten ambivalent. Auf der einen Seite wird eine zunehmende Politisierung (EJW 2: 102-108) beobachtet, die sich in der Beschäftigung mit verschiedenen Themen widerspiegelt (z.B. Nachhaltigkeit, Prostitution, Rassismus), auf der anderen Seite wird beklagt, dass es zu wenige politische Debatten gibt (EJW 3: 85). Demgegenüber werden demokratische Bildungserfahrungen eindeutig und in allen Gesprächen als *Erfahrungslernen* akzentuiert: „Also ich kann mich nicht dran erinnern, das mal gelernt zu haben, sondern ich würde sagen, dass das mehr so aus der Erfahrung kommt. An dem, was ich selber mitgestaltet habe, habe ich immer eigentlich auch mehr Spaß"

(EJW 2: 16). Diese Erfahrung wird zwar nicht systematisch reflektiert, aber durch Feedback sozusagen bestätigt und gefestigt (EJW 3: 44). Uneinheitlich sind die Einschätzungen dazu, ob solche Erfahrungen bereits für teilnehmende Kinder möglich sind oder ob sie erst im Jugendalter bzw. als ehrenamtliche:r Mitarbeiter:in beginnen (s.o.). Relativ deutlich stellen die Co-Forschenden dagegen fest, dass demokratische Erfahrungen in der Jugendverbandsarbeit auch in anderen Bereichen, beispielsweise im Arbeitsleben, gefragt sind und als Kompetenzen anerkannt werden, zum Beispiel „wenn es darum geht, irgendwelche Besprechungen zu moderieren oder so“ (EJW 2: 89). Genannt werden dabei nicht nur Moderations- und Gremienkompetenzen, sondern auch Werte, Meinungsbildung und Diskursfähigkeit (EJW 1: 186; EJW 3: 94).

4.1.3.8 Demokratieverständnis

Eine wichtige Frage im Kontext der Analyse der Demokratiebildung ist, welches Demokratieverständnis die Co-Forschenden in den Diskussionen äußern. Geht es ihnen um die Einbeziehung aller Betroffenen oder ist eher eine Expert:innen-Demokratie zu finden, die sich auf demokratische Entscheidungen im Leitungsteam reduziert? Welche Rolle spielen Gremien, welche Rolle alltägliche Aushandlungsprozesse? Aufgrund der großen Bedeutung dieses Themenbereichs für das Forschungsprojekt werden im Folgenden die Auswertungsergebnisse der einzelnen Subkategorien anhand beispielhafter Aussagen vorgestellt:

Das Verständnis der Co-Forschenden zum Thema *Beteiligung auf der Alltagsebene* ist ambivalent. Es zeigen sich durchaus skeptische Stimmen, die befürchten, eine allzu umfassende Eröffnung von Meinungsbildungs- und Mitbestimmungsoptionen könnte das eigentlich geplante Programm unmöglich machen:

> „Ich glaub auch je mehr Teilnehmer dabei sind, desto schwieriger ist es sowas überhaupt zu ermöglichen. Wenn ich denke, wir haben bei den Kinderferientagen wirklich eine Masse und wenn jedes Kind seine Meinung äußert dann ist es natürlich richtig schwierig das unterzubringen und klar ist das dann eine Sache, wenn Mitarbeiter damit gut umgehen können, dann kann sowas funktionieren. Aber ich glaube, dass Planung einen Rahmen ermöglicht, dass sowas funktioniert und das kann halt das Einbinden von Demokratie nicht. Also manchmal finde ich es sinnvoll, wenn man demokratische Elemente eher zurückhalt. Und es dann ermöglicht, indem man ihnen Entscheidungsfrei-

> raum lässt, indem man sie die Workshops entscheiden lässt oder so." (EJW 3: 13)

Während hier die Anzahl die teilnehmenden Kinder als Problem gesehen und eine Konkurrenz von „Planung" und „Demokratie" konstruiert wird, ist es in einer anderen Aussage die Gruppenphase: „Und trotzdem denke ich, ist es an dem Punkt wichtig, dass man am Anfang irgendwie auch ein bisschen was vorgibt. Also einfach auch aufgrund der Gruppenphase und so weiter, finde ich, kann man da nicht immer komplett auf Demokratie gehen. Aber ich glaube es ist einfach wichtig, dass immer das Gefühl vermittelt wird: Hey, wir nehmen euch ernst" (EJW 3: 4). Es finden sich auch Aussagen, die bei Teilnehmenden auf Freizeiten keine Möglichkeiten für Mitbestimmung sehen:

> „Bei uns ist halt im Voraus klar, so wie es vorbereitet wurde, so wird es nach Möglichkeit auch durchgezogen. Klar, Wetter kann man sich dann nochmal überlegen, aber in der Regel gibt es halt immer so Zweierteams oder so, die einen Programmpunkt vorbereiten, der wird dann morgens vorgestellt. Und der Mitarbeiter braucht irgendwas, dann wird da gefragt ‚ja wer kann das machen, wer kann jenes machen?' Aber, ob man was macht oder ob man was nicht macht, das steht überhaupt nicht zur Debatte oder wie man das macht, das ist so gesehen die Freiheit von den Leuten, die es vorbereitet haben." (EJW 1: 51)

Selbst wenn in festgelegten Programmangeboten Auswahloptionen angeboten werden, hat die Mitbestimmung ihre Grenzen, zumindest dann, wenn Entscheidung heißt, sie gegen das gesamte Angebot zu entscheiden (EJW 1: 17). Es wird andererseits mehrfach in allen drei Gruppengesprächen darauf hingewiesen, dass es wichtig ist, möglichst viele Stimmen zu hören und diese auch ernst zu nehmen (EJW 2: 93-100, EJW 3: 17; EJW 1: 183). Jenseits des Gehörtwerdens argumentiert ein:e Co-Forschende:r für mehr Mut bei der Eröffnung von Mitbestimmungsmöglichkeiten, indem er:sie von einer Freizeit mit weitreichenden Entscheidungsoptionen für die teilnehmenden Kinder berichtet: „Und es war ganz spannend, weil das, was unsere Teilnehmer sich gewünscht haben, war gar nicht so revolutionär anders oder wild oder verrückt oder sowas, sondern relativ genau das, was wir sonst auch immer machen [...] es war echt ganz spannend, dass [...] mit dieser absoluten Freiheit auch relativ junge Kinder gut umgehen können" (EJW 1: 3). Fraglich ist natürlich, ob die positive Einschätzung genauso ausfiele, wenn die Programmwünsche wesentlich von dem geplanten Programm abgewichen wären. Allerdings betont ein:e andere:r

Co-Forschende:r explizit die Demokratiefähigkeit von Kindern: „Und ich bin sehr fest davon überzeugt, dass auch wirklich nicht nur Jugendliche, sondern jüngere Kinder oder junge Jugendliche mehr entscheiden können und oft ganz genau wissen, was für sie am besten ist und was sie wollen und das dann auch hinbekommen" (EJW 1: 25).

Zudem wird darauf hingewiesen, dass auch die *Nicht-Beteiligung* an Entscheidungen als Option gewährleistet werden muss: „Aber die Frage ist: heißt mitbestimmen können, dass man das unbedingt muss?" (EJW 1: 36). Die Kehrseite der Eröffnung von Mitbestimmung ist – wie ein:e Co-Forschende:r anmerkt – eine mögliche Frustration über das Ergebnis: „Also ich habe mal eine Freizeit gemacht, da hatten vielleicht so zwei Drittel sich für etwas entschieden, dass eine Drittel war ein bisschen unzufrieden, aber wir haben auch gemeint, das ist halt demokratisch" (EJW 1: 41). Ob jedoch die Folgen demokratischer Entscheidungen und evtl. bessere Möglichkeiten einer kompromissorientierten Einigung mit den Teilnehmenden diskutiert worden sind, bleibt offen. Es ist jedoch davon auszugehen, dass der:die Co-Forschende davon berichtet hätte. Die Möglichkeit einer Enttäuschung ist auch gegeben, wenn „zu viel" Entscheidungsfreiheit offeriert wird und die vorgeschlagenen Ideen dann nicht umgesetzt werden können: „Ich meine, ich kann mir vorstellen, wenn man zu viel Freiheit den Leuten lässt, dass viel dabei rumkommen kann, auch viel Cooles, aber, dass da zum Teil die Enttäuschung dann größer sein kann, wenn man sich so eine Zeit lang auf was eingeschossen hat und dann am Ende war es dann das doch nichts" (EJW 1: 28).

Als Gelingensbedingung der Demokratiebildung (vgl. Kap. 2.4) haben wir die Solidarität bzw. *gesellschaftliche Verantwortung* definiert. Daher ist es zentral, wie die Co-Forschenden den Beitrag der evangelischen Jugendarbeit dazu einschätzen. Das Thema wird allerdings nur in einer der Gruppendiskussionen im EJW explizit diskutiert. Relativ eindeutig wird dabei der wichtige Beitrag der Evangelischen Kirche zur Demokratie benannt: „Aber über die evangelische Jugendarbeit oder auch einfach, wenn man Teil davon ist, oder auch wenn man schon Teil der Landeskirche in irgendeiner Kirchengemeinde ist und jetzt nicht unbedingt viel Jugendarbeit macht, wird man schon gut auf die gesellschaftliche Verantwortung vorbereitet, die man eigentlich hat, weil man einfach damit konfrontiert wird" (EJW 3: 85). Allerdings vermisst ein:e Co-Forschende:r eine klare Positionierung bei gesellschaftlich relevanten Fragen: „Der BDKJ also Bund katholischer Jugend, hat sich jetzt zum Beispiel ganz klar für die Segnung homosexueller Paare ausgesprochen und ich fand das total stark, [...] Und das fehlt mir oft [bei uns], dass man da so schwammig, so: Ja, wir sind ja schon demokratisch. Aber wenn es dann um Antworten und Themen oder so geht, da halten wir uns dann voll raus und da halten wir uns dann auch aus der Gesellschaft raus“ (EJW 3: 87). Als Ansatzpunkt sieht ein:e Co-Forschende:r die Gremienarbeit als Ort der Meinungsbildung und des Diskurses: „Deswegen glaube ich muss man viel mehr die Individuen dazu motivieren eine eigene Meinung zu haben und für die auch grade zu stehen. Und ich glaube das tun wir über unsere Gremienarbeit. Aber wir motivieren noch zu wenig dazu und machen es zu wenig bewusst, vor allem wenn es in die gesellschaftliche Verantwortung und Politik geht. Also wir bieten viel Erfahrungswert, aber wir motivieren zu wenig aktiv dazu“ (EJW 3: 91).

Die Diskussionen der vergangenen Jahre um die „Krise der Demokratie“ sind auch an den Co-Forschende:r nicht spurlos vorbeigegangen. Die *Sorge um die Demokratie* als Gesellschafts- oder Lebensform wird in der folgenden Aussage einer:eines Co-Forschenden deutlich: „Und die wenigsten wissen glaube ich oder den wenigsten ist bewusst, dass man Demokratie auch leben muss und dass man nicht einfach nur sagen kann ‚wir haben das und darauf ruhen wir uns aus‘“ (EJW 1: 166). Die Jugendarbeit kann nach Überzeugung einer:eines Co-Forschenden dazu beitragen, Demokratie zu vermitteln, weil sie die Erfahrung eröffnet, faire Kompromisse zu schließen: „Eine Demokratie heißt auch Kompromisse finden. Demokratie heißt auch gemeinsam konstruktiv zusammenarbeiten und das macht man in der Jugendarbeit natürlich. Und auch, wenn man das vielleicht nicht immer bewusst als Demokratie erlebt, wird man da sicher Einflüsse haben, die man nicht mehr loslässt und das ist auch gut so. Und darum denke ich, dass es für die Demokratie insgesamt auf jeden Fall sehr wertvoll ist, dass wir in der Jugendarbeit so arbeiten, dass wir auf Augenhöhe miteinander arbeiten“ (EJW 1: 187).

Die Einschätzung der Co-Forschenden zu unterschiedlichen demokratischen Verfahren gibt Hinweise darauf, wie und in welcher Form demokratische Erfahrungen möglich sind. Es zeigt sich in den Gruppendiskussionen, dass *Wahlen und Abstimmungen* für die Demokratiebildung eine untergeordnete Rolle spielen: „Also eine Wahl in dem Sinne gab es eigentlich fast noch nie. Dass man da wirklich zwischen mehreren Kandidaten auswählen kann. Sondern es ist halt mehr so, wir bestätigen dich in deiner Position. Und die Frage ist nur noch, ob du die Wahl annimmst“ (EJW 2: 55). Die Co-Forschenden diskutieren kaum darüber, grundsätzlich scheint selten auf diese Form der Entscheidungsfindung zurückgegriffen zu werden.

Aus der Sicht der Demokratiebildung scheinen alltägliche *Verfahren der Meinungsbildung und Entscheidungsfindung* wichtiger zu sein. Die Co-Forschenden äußern sich unterschiedlich zur Diskussion kontroverser Themen, betonen aber den Meinungsaustausch als wichtiges Lernfeld der evangelischen Jugendarbeit. Einerseits wird die Pluralität der Meinungen hervorgehoben: „Es gibt einfach so viele Menschen mit so vielen andern Erfahrungen und es gibt kein richtig und kein falsch und es gibt immer andere Meinungen, die genauso berechtigt und richtig sind, was einfach auch die Jugendarbeit lebendig macht" (EJW 3: 98). Andererseits kommen kontroverse Themen nach Ansicht eines:einer Co-Forschenden in der evangelischen Jugend gar nicht so häufig vor: „Ich frage mich, ob das wirklich so krass demokratisch ist, was wir lernen. Also meine Jugendarbeit ist, vielleicht bei euch auch, sehr harmoniebedürftig. Wir haben gar keine so krassen discussions, verschiedene Ansichten [...] Wir sind eher so ein glücklicher Haufen, der sich mal nicht einigen kann, ob man am Nachmittag Kanu fährt oder nicht" (EJW 1: 179). Die evangelische Jugend hat, anders als die BUNDJugend, kein konzeptionelles Konsensprinzip vereinbart. Dementsprechend spielen Konsensentscheidungen in den Gruppendiskussionen keine allzu große Rolle.

4.1.3.9 Unterschiede zu anderen pädagogischen Institutionen

Die Co-Forschenden aus dem EJW diskutieren Unterschiede insbesondere zu zwei großen Bereichen: Schule sowie Sportverein. Im *Sportverein* gehe es „um festgelegte Ziele, Turniere oder ähnliches" (EJW 2: 80) bzw. es gehe nur darum „ans Ziel zu kommen und das ist total hierarchisch" (EJW 1: 139). Aufgrund der unterschiedlichen Ziele sei die Mitbestimmung in der evangelischen Jugendarbeit umfangreicher. Zudem sei „die große Stärke von der Jugendarbeit [...], dass wir einfach nicht an dem Leistungsgedanken hängen" (EJW 2: 81), es gehe „eher um das Zusammenarbeiten, zusammen sein, zusammen Spaß haben, gemeinsam was zu erleben" (EJW 2: 81). Im Unterschied zu anderen Vereinen scheint diese Orientierung an Spaß und Gemeinschaft für die Engagierten im EJW ein guter „Ausgleich" (EJW 2: 81) zu eher leistungsorientierten Angeboten zu sein: „Wir zielen ja nicht auf Leistung ab, also ich weiß noch, ich war im Leichtathletik und ich fand das ganz schrecklich, weil ich war voll schlecht. Und ich bin dann auch nicht in den Musikverein, ich wollte zwar gerne singen oder ein Instrument lernen, aber ich wollte das jetzt irgendwie nicht auf Leistung machen und ich darf dann weiter vorne sitzen je besser ich bin" (EJW 3: 70).

Der Unterschied zur *Schule* wird vor allem im Umfang und in der Konsequenz der Mitbestimmung gesehen. In der Schule „kann man so viel Feedback geben wie man will, da ändert sich erstmal nichts" (EJW 3: 59). Die Mitbestimmung in der Schule wird als Scheinpartizipation erlebt: „Was haben wir denn als Klassensprecher bitte gemacht? Gar nichts eigentlich, also wir haben (lacht) nur, dass wir die Wahlen gemacht haben, um Unterricht zu verschwenden in gewisser Hinsicht, ja" (EJW 3: 61). Im Unterschied zur Schule könne man in der Jugendarbeit „definitiv viel mehr mitgestalten und da ist noch nicht alles so festgelegt" (EJW 1: 134). In diesem Zusammenhang werden auch demokratische Strukturen als veränderbar gekennzeichnet, was einen weiteren Unterschied zu Schule und anderen Institutionen markiert. In der Jugendarbeit „gibt es alte festgewachsene Strukturen, die kacke sind, aber diese Strukturen kann man auch alle sprengen, wenn man sich dranhängt [...] - und das finde ich ziemlich gut und ziemlich schön" (EJW 1: 135).

Auch die dem Jugendverband zugrundeliegenden *christlichen Werte* werden als bedeutender Unterschied in einer Gruppendiskussion hervorgehoben: „Als Grundlage haben wir ja auch einfach die frohe Botschaft [...] und das unterscheidet uns natürlich ganz klar von allen anderen Jugendarbeiten" (EJW 3: 65). Die damit zusammenhängende Grundhaltung „wir sind alle Brüder und Schwestern und wir sind alle von Gott geliebt" (EJW 3: 67) könne auch dazu führen, dass in Entscheidungsprozessen alle miteinbezogen werden (EJW 3: 60). Im Unterschied zu anderen Jugendverbänden biete die evangelische Jugendarbeit eine besonders vielfältige Angebotsstruktur, die ein breites Engagement ermöglicht (EJW 3: 68-69). Zudem werden die Hierarchien im Vergleich zu anderen Jugendverbänden als flacher wahrgenommen (EJW 2: 75; EJW 1: 6), was Entscheidungsspielräume und -geschwindigkeit erhöhe.

4.1.3.10 Fazit

Die zentralen demokratietheoretischen Herausforderungen, die sich aus den Gesprächen mit Co-Forschenden des EJW ergeben, betreffen vor allem die Frage: „Wer darf mitbestimmen?" Es ist auffällig, dass die sogenannten „Teilnehmer:innen" nicht als Teil des *demos* des Jugendverbands begriffen werden. Ihnen wird insofern auch kein Recht auf Mitbestimmung zugestanden. Da im EJW kaum von Mitgliedern gesprochen wird und auch keine formelle Mitgliedschaft bekundet wird, entsteht die eigentümliche Unterscheidung zwischen Teilnehmenden und Mitarbeitenden. Letztere werden dann zur Expert:innen-Regierung, die sowohl auf der Ebene von Gruppen und Freizeiten als auch auf der Ebene der Gremien – dann per Delegation – über gemeinsame Fragen des Jugendverbands entscheiden. Zu den Betroffenen gehören allerdings auch – und in erster Linie – die Teilnehmenden. Die Einheit von Urheber:innen und Adressat:innen von Entscheidungen ist damit nicht gewährleistet und bedarf zukünftig der vertieften Diskussion.

Diese wäre auch zu führen unter dem Hinweis auf die Umsetzung des § 11 SGB VIII. Die Angebote der Kinder- und Jugendarbeit sollen von jungen Menschen „mitbestimmt und mitgestaltet werden, sie zur Selbstbestimmung befähigen und zu gesellschaftlicher Mitverantwortung und zu sozialem Engagement anregen und hinführen“. Wie ist vor diesem Hintergrund die Unterscheidung zwischen Teilnehmenden und Mitarbeitenden zu bewerten?

Ein weiterer auffälliger Punkt ist die Betonung des Erfahrungslernens. Demgegenüber fehlen Reflexionsmöglichkeiten für Bildungsprozesse bzw. bewusst angestoßene Bildungsgelegenheiten (z.B. im Rahmen der Juleica-Schulung). Hier könnte die Handlungsperspektive darin bestehen, die Juleica-Schulungen zum einen thematisch mit Bausteinen zu Partizipation und Demokratie zu ergänzen, zum anderen die Schulungen selbst zu einem Ort für demokratische Erfahrungen werden zu lassen.

Schließlich richtet sich eine dritte Perspektive auf das Verhältnis der Kirche zu ihrem Jugendverband. Warum wird hier so deutlich von „fehlender Augenhöhe“ berichtet? Und wie könnte genau dies zum Ausgangspunkt demokratischer Erfahrungen werden?

4.2 Zusammenführung der Ergebnisse

Während die Porträts im vorherigen Kapitel einen eher beschreibenden Charakter unterschiedlicher Typen von Jugendverbänden haben, ist das Ziel der folgenden Zusammenführung, die Ergebnisse der Studie stärker zu systematisieren. Dabei greifen wir zurück auf die in Kap. 2.4 eingeführte Unterscheidung zweier Ebenen der Demokratiebildung aus dem 16. Kinder- und Jugendbericht: Demokratie als Bildungsstruktur und Demokratie als Erfahrung (Deutscher Bundestag 2020).

4.2.1 Demokratie als Bildungsstruktur: Wie demokratisch ist der Jugendverband?

Um dem gesetzlichen Auftrag der Jugendverbandsarbeit in §§ 11 und 12 SGB VIII aber auch dem selbstformulierten Anspruch als „Werkstätten der Demokratie“ gerecht zu werden, müssen Jugendverbände strukturell Selbstorganisation und demokratische Mitbestimmung ihrer Angebote ermöglichen und demokratische Verfahren bereitstellen. Das folgende Kapitel widmet sich der Frage, wie demokratisch die Strukturen der Jugendverbände sind bzw. wie demokratisch sie von Co-Forschenden in unserer Studie wahrgenommen werden. Dabei kommen Aspekte der Exklusion und Inklusion genauso in den Blick wie die Einflussmöglichkeiten junger Menschen, die expliziten und impliziten Machtverhältnisse sowie das demokratische Selbstverständnis des Verbands.

4.2.1.1 Ebenen der Mitbestimmung

Die vorliegende Studie bestätigt aus der Perspektive ehrenamtlich engagierter junger Menschen die Unterscheidung zwischen den örtlichen Strukturen und Gruppen einerseits sowie der Verbandsebene mit ihren Gremien und Bildungsangeboten andererseits wie sie aus systematischen Gründen von Ahlrichs (2019) bzw. daran anknüpfend im 16. Kinder- und Jugendbericht (Deutscher Bundestag 2020) getroffen wird (vgl. Kap. 2.1). Ergänzend zu den beiden genannten Publikationen kann in dieser Studie jedoch noch eine dritte Ebene ausgemacht werden, da sie in den Gesprächen immer wieder zur Differenzierung von den Jugendverbänden diente: der Erwachsenenverband als machtvolles Gegenüber der Jugendverbandsgremien.

Gemeinsam ist allen befragten Jugendverbänden die große Gestaltungsfreiheit, die die Co-Forschenden in *Gruppen und Freizeiten* wahrnehmen. Die Gespräche bestätigen einhellig die Charakterisierung der örtlichen Jugendgruppen (analog dazu können Freizeiten verstanden werden) im 16. Kinder- und Jugendbericht, in dem die „Freiwilligkeit der Teilnahme, die gruppenbezogene Selbstorganisation bzw. der hohe Grad an Gestaltbarkeit, die weitgehende Gleichaltrigkeit der Gruppenmitglieder und die vergleichsweise stabile Zusammensetzung" (Deutscher Bundestag 2020, S. 366) als wesentliche Merkmale genannt werden. Allerdings ist die Bedeutung der örtlichen Ebene unterschiedlich. In der BUNDjugend spielt die Ortsebene eine wesentlich geringere Rolle als in den anderen beiden

Jugendverbänden. Die wesentlichen Aktivitäten, über die die Co-Forschenden dort berichten, finden auf Landesebene statt. Die Co-Forschenden der JDAV und des EJW sehen dagegen in den Gruppen und Freizeiten das zentrale Lernfeld für Mitbestimmung.

Unterschiedlich fällt die Bewertung der *Gremien* des Jugendverbands aus. Während im EJW die Delegiertenversammlung bei nahezu allen Gesprächen kritisch gesehen wird, insbesondere aufgrund der hohen Formalisierung, aber auch aufgrund der wahrgenommenen Distanz der besprochenen Inhalte zu den lebensweltlichen Fragen örtlicher Jugendarbeit, ist die Meinung der jungen Menschen aus JDAV und BUNDjugend über ihre Mitgliederversammlungen positiv. Insbesondere die JDAV ist in diesem Zusammenhang interessant, da die Jugendvollversammlung erst vor einigen Jahren als Instrument für eine breitere Beteiligung eingeführt wurde. Die Co-Forschenden waren zum Teil in die Etablierung und Umsetzung des neuen demokratischen Instruments involviert. Sie sehen zwar die gemeinsame Willensbildung der Teilnehmenden aufgrund der großen Altersspanne als schwierig an, heben aber das Potenzial und die Attraktivität hervor, die zu stärkerer inhaltlicher Beteiligung in den Sektionen geführt hat. Für die Co-Forschenden der BUNDjugend ist die Mitgliederversammlung ein „zentrales Gremium", ein Ort für Diskussionen und demokratische Entscheidungsfindung im Jugendverband. Andere Gremien werden ebenfalls unterschiedlich bewertet. In der JDAV beispielsweise werden Gremiensitzungen, etwa die Jugendleiter:innen-Sitzungen, zum Teil als ermüdend erlebt, während die Vorstandssitzungen im EJW als wichtiger Ort des Austauschs bezeichnet werden.

Eine Gemeinsamkeit ist, dass die Co-Forschenden große Unterschiede zwischen der Art und Weise demokratischer Aushandlung im Jugendverband und im *Erwachsenenverband* ausmachen. Immer wieder fällt in diesem Zusammenhang der Begriff der „fehlenden Augenhöhe" bzw. des Ungleichgewichtes. Die Gremien der Kirchengemeinde (EJW), der DAV-Sektion (JDAV) bzw. des BUND (BUNDjugend) werden als Gegenüber erlebt, das zum einen als wenig relevant für die eigene Arbeit beschrieben wird, zum anderen wird wiederholt auf finanzielle Abhängigkeiten hingewiesen. Auffällig ist, dass vor allem eine andere Art der Diskussion und Entscheidungsfindung wahrgenommen wird. Unterschiedlich fallen die Urteile zur Durchlässigkeit zwischen Jugend- und Erwachsenenverband aus. Insbesondere die Co-Forschenden der BUNDjugend berichten, dass es eine hohe Durchlässigkeit zwischen den Ebenen gibt, weil der Altersunterschied nicht allzu groß ist.

Während im 16. Kinder- und Jugendbericht die Erwachsenenverbände vor allem als „Unterstützungsstruktur“ (Deutscher Bundestag 2020, S. 376) beschrieben werden, die Finanzen, Personal oder Räume bereitstellen, erscheinen sie vor dem Hintergrund der Aussagen der Co-Forschenden als wesentlicher Akteur der Demokratiebildung und zwar indem mit ihnen konflikthafte Auseinandersetzungen geführt werden (können). Allerdings geht es dabei in der Regel nicht um demokratische Aushandlungsprozesse, sondern um machtvolle Entscheidungen. Insofern können die Erwachsenenverbände anknüpfend an Habermas (1995) als *System* beschrieben werden, in dem Macht und Geld einen großen Einfluss auf die Entscheidungsprozesse hat. Der Jugendverband kann demgegenüber als *Lebenswelt* gekennzeichnet werden, in der diskursive Verständigung zumindest möglich ist.[10]

Die übergeordneten Strukturen des Landes- oder Bundesverbands werden von Co-Forschenden aus EJW und JDAV als „weit weg“ erlebt. Positiv wird jedoch hervorgehoben, dass auf diesen Ebenen der Austausch mit anderen Engagierten möglich ist und wichtige Aushandlungsprozesse mit der Politik stattfinden.

4.2.1.2 Machtverhältnisse

Innerhalb des Jugendverbands wird vor allem auf die „Hierarchie des Wissens“ hingewiesen. Ältere Ehrenamtliche und natürlich vor allem Hauptamtliche haben gegenüber jüngeren Mitarbeitenden einen Wissensvorsprung, den sie vor allem nutzen können, um Themen zu setzen und voranzutreiben. Dabei handelt es sich um eine Machtasymmetrie, die den Co-Forschenden durchaus bewusst ist und die sie zum Teil auch gezielt zu überwinden versuchen, indem sie jüngere Mitarbeitende in ihre Gremien mit einbeziehen und Formen finden, wie diese dort ihre Ideen vorbringen können. Ein Beispiel für eine strukturelle Überwindung dieser Machtasymmetrie ist die neu konzipierte Jugendvollversammlung der JDAV. Anders verhält es sich, wie oben dargestellt, zwischen Jugendverband und Erwachsenenverband. Verhandlungen werden hier nicht als gleichberechtigt erlebt, die Jugendarbeit wird vielmehr als Bittsteller dargestellt, vor allem, wenn es um finanzielle Fragen geht. Eine größtmögliche finanzielle

10 Vgl. hierzu auch Sturzenhecker (2007): Gruppendiskussionen in der Evangelischen Jugend in der Nordelbischen Kirche zeigten ganz ähnliche Erfahrungen junger Menschen mit System und Lebenswelt in der Kinder- und Jugendarbeit.

Autonomie wird folglich als positiv bewertet, starke Abhängigkeit vom Erwachsenenverband in finanziellen Fragen als negativ (positiv wird vor allem Budgetverantwortung bewertet).

Zusammenfassend spielen Hierarchien innerhalb des Jugendverbands eine eher untergeordnete Rolle, während sie zwischen Jugend- und Erwachsenenverband an unterschiedlichen Stellen der Gespräche thematisiert werden. Dies bestätigt noch einmal die oben skizzierte Unterscheidung von *System* und *Lebenswelt* und weist auf ein besonderes Konfliktpotenzial hin bzw. auf die Gefahr einer *„Kolonialisierung des Jugendverbands"*, wenn aufgrund abnehmender Bereitschaft zur Verantwortungsübernahme im Jugendverband Gremien des Erwachsenenverbands ersatzweise die entsprechenden Entscheidungsbefugnisse erhalten.

4.2.1.3 Einflussmöglichkeiten

Zu den Einflussmöglichkeiten junger Menschen in den drei Jugendverbänden lassen sich drei sehr unterschiedliche Einschätzungen finden.

Die Co-Forschenden der BUNDjugend beschreiben ihren Jugendverband als Ort großer Gestaltungsfreiheiten und größtmöglicher Einflussnahme. Voraussetzung sei allerdings, dass junge Menschen ihre Themen einbringen und Verantwortung übernehmen – also braucht es neben dem Wissen um die Möglichkeiten der Einflussnahme, eine thematische Positionierung und auch die Motivation, eigene Interessen einzubringen und durchzusetzen. Es werden zwar kaum Hürden für Beteiligung skizziert, gleichzeitig aber auch wenige Strukturen, die diese Beteiligung absichern. Es kann in diesem Zusammenhang am ehesten von *direkter Basisdemokratie* gesprochen werden.

In der JDAV wurde mit der neuen Jugendordnung das Ziel implementiert, dass alle – auch die Kinder in den örtlichen Gruppen – Fragen des Jugendverbands mitbestimmen können. Auf Gruppenebene gehört dazu die Wahl des Gruppenleiters bzw. der Gruppenleiterin, über die Gruppenebene hinaus geht die gemeinsame Beratung und Entscheidungsfindung bei Jugendvollversammlungen. Hervorgehoben wird vor allem eine thematische Einflussnahme, d.h., es gibt vielfältige Möglichkeiten, eigene Ideen einzubringen von der eigenen Gruppe bis hin zu den Gremien. Auch hier spielt die Motivation eine große Rolle, aber auch die Übernahme von Verantwortung in den Gremien des Verbands. Aufgrund der rechtlichen Absicherung der Mitbestimmung für alle Kinder und Jugendlichen und die vielfältigen Versuche, diese auch methodisch abzusichern, zeigt sich in der JDAV eine strukturell abgesicherte *deliberative Demokratie*.

In den Gesprächen mit den Engagierten des EJW lassen sich drei wichtige Gruppen unterscheiden: Die hauptamtlichen Jugendreferent:innen, die ehrenamtlich Mitarbeitenden und die Teilnehmenden. Während die Gruppe der ehrenamtlich Mitarbeitenden als die Gruppe mit den größten Einflussmöglichkeiten gekennzeichnet wird, wird gegenüber der Beteiligung von Teilnehmenden eher Skepsis deutlich. Ihre Einflussmöglichkeiten sind sehr von den jeweiligen Teamer:innen abhängig, strukturell abgesichert sind sie nicht. Man kann hier von einer *repräsentativen Expert:innendemokratie* sprechen, bei der die Mitarbeitenden in demokratischen Verfahren stellvertretend als Expert:innen Entscheidungen für die Teilnehmenden treffen, die „nicht wissen, was sie wollen" (EJW 1: 43).

Für den Zugang zu demokratischen Einflussmöglichkeiten ist somit die Frage entscheidend, wer zum *demos* des Jugendverbands gehört. In den drei Jugendverbänden finden sich dazu recht unterschiedliche Antworten. Die Gespräche mit EJW und JDAV machen deutlich, dass es sowohl eine Alters- als auch eine Funktionsabhängigkeit gibt. Grundsätzlich wird jüngeren Teilnehmenden weniger Mitsprache zugetraut als älteren. Allerdings gibt es hier bei der JDAV ein Umdenken, das vermutlich auch durch die Neujustierung der Jugendordnung und die Einführung einer Jugendvollversammlung für alle Mitglieder des Jugendverbands ausgelöst wurde. Beide Jugendverbände machen allerdings weiterhin eine Unterscheidung zwischen Teilnehmenden und Mitarbeitenden, wobei die Grenzen der Mitbestimmung für die Teilnehmenden u.a. auch mit der Verantwortung der Mitarbeitenden begründet wird (Gefährdungen, Schutzauftrag). In der BUNDjugend wird die Unterscheidung zwischen Mitarbeitenden und Teilnehmenden dagegen nicht gemacht, auch das Alter spielt in den Gesprächen keine Rolle. Ein unterschiedlicher Grad der Mitbestimmung aufgrund irgendwelcher Kriterien wird schlicht nicht diskutiert. Bei der BUNDjugend kann somit von einer *autonomen Selbstorganisation* gesprochen werden, wobei der *demos* alle Mitglieder des Jugendverbands umfasst. Bei EJW und BUNDjugend wird eher das Modell einer Teilautonomie deutlich, bei der die Mitarbeitenden ihre Jugendarbeit *„selbständig im Auftrag"* eines Erwachsenenverbands durchführen, was zu gewissen Spielräumen aber eben auch Grenzen der Mitbestimmung, zumindest für Teilnehmende, führt.

4.2.1.4 Demokratische Verfahren

Ein überraschendes Ergebnis der vorliegenden Studie ist, wie wenig Relevanz Wahlen und Abstimmungen für die Demokratiebildung zugemessen werden. Mehrfach wird berichtet, dass es in den Jugendverbänden eigentlich keine Wahlen gibt, weil zuvor Kandidat:innen gesucht werden, deren Mandat dann nur bestätigt wird. Die Angst ist groß, Wahlniederlagen zu produzieren und damit Frust bei ehrenamtlich engagierten Mitarbeitenden zu erzeugen.

Bei der Diskussion von Themen zeigen sich Unterschiede zwischen den Jugendverbänden. Die Co-Forschenden des EJW berichten, dass es nur selten kontroverse Themen gibt und es daher auch nur selten zu strittigen Diskussionen und knappen Abstimmungen kommt. Ein Konsensprinzip gibt es nicht. Demgegenüber scheint es in der JDAV zumindest auf Gruppenebene durchaus zu kontroversen Meinungsbildungsprozessen zu kommen, hier seien die Moderationskompetenzen von Gruppenleiter:innen gefragt und es werden Methoden für Meinungsbildungsprozesse angewandt. Die BUNDjugend hat sich konzeptionell einem „reflektierten Konsensprinzip" verschrieben und praktiziert dementsprechend deliberative Meinungsbildungsprozesse auf allen Ebenen des Jugendverbands. Daher ist kaum von Abstimmungen die Rede bzw. sie werden eher kritisch betrachtet, da sie die Gefahr einer fehlenden Meinungsbildung bergen. Auch hier werden die erforderlichen Moderations- und Fragetechniken thematisiert. Generell scheint eine Jugendverbandsinterne konzeptionelle Festlegung auf bestimmte Arten der Entscheidungsfindung (z.B. Konsensprinzip oder Methoden der Entscheidungsfindung, Moderation von Gruppenprozessen) als Instrument zur Reflexion und zur Entwicklung eines demokratischen Selbstverständnisses hilfreich zu sein.

4.2.1.5 Exklusion und Inklusion

Auffällig ist, wie kritisch die Exklusivität des eigenen Jugendverbands in allen Gesprächen diskutiert wird. Thematisiert wird dabei vor allem der Zugang zum Jugendverband. Dieser beruht auf geteilten Werten (genannt werden christliche Werte, Gendergerechte Sprache, Veganismus, Outdoor-Sport-Affinität), aber auch auf einem ähnlichen Bildungs- und Sozialstaus. Das Problem der Homogenität bzw. „Familiarisierung" (Sturzenhecker/Richter 2011) der Jugendverbände wird von den jungen Menschen wahrgenommen, die Jugendverbände erscheinen ihnen als „Blase von Gleichgesinnten“ (EJW 1: 189). Dies führt zu den bereits beschriebenen fehlenden Kontroversen, die demokratische Entscheidungsprozesse selten werden lassen.

Eine weitere Facette des Spanungsfeldes von Exklusion und Inklusion ist der Zugang zu Ämtern und Entscheidungsgremien. Dabei lassen sich Unterschiede zwischen den Jugendverbänden erkennen. Im EJW werden die Gremien recht stark als selbstrekrutierend beschrieben, d.h. diejenigen, die bereits Ämter besetzen, suchen nach neuen (passenden) Mitgliedern für die Gremien bzw. nach ihren eigenen Nachfolger:innen – „wer drin ist, bestimmt wer rein kommt“. Ähnlich war es wohl bei der JDAV, allerdings ist durch die neue Ordnung eine offene Beteiligung ohne Vorbedingung möglich geworden, so dass Partizipation nicht mehr vom „Angefragt-Werden“ abhängig ist. In der BUNDjugend ist die Beteiligung keine Hürde, es wird vielmehr kritisch gesehen, wenn sich Mitglieder nicht beteiligen. Wer hier einmal die Hürde zum Jugendverband genommen hat, darf bzw. soll dort auch mitbestimmen.

4.2.1.6 Demokratieverständnis

Das Demokratieverständnis der Co-Forschenden ist nicht einheitlich und lässt sich selbstverständlich nicht allein an den Erfahrungen im Jugendverband festmachen. Dennoch ist auffällig, wie unterschiedlich sich die Co-Forschenden in den drei Jugendverbänden äußern.

Im EJW zeigen sich durchaus skeptische Stimmen, die befürchten, eine allzu umfassende Eröffnung von Meinungsbildungs- und Mitbestimmungsoptionen könnte das eigentlich geplante Programm unmöglich machen. Auf der anderen Seite wird jedoch betont, dass es wichtig und wertvoll ist, möglichst viele Stimmen zu hören und Vorschläge zu berücksichtigen. In der JDAV ist man hingegen überzeugt, dass Demokratie in den Gruppen gelebt werden muss. Die Co-Forschenden wollen ihren Teilnehmenden Mitbestimmung „beibringen“, indem sie sie motivieren eine eigene Meinung zu äußern und die Gruppenprozesse dann moderieren. Die BUNDjugend wird von den Co-Forschenden als demokratischer Ort beschrieben, an dem alle Mitglieder ihre Meinung sagen und gemeinsam an einem Konsens arbeiten. Im Umkehrschluss erfordert die Teilnahme dort allerdings die Bereitschaft, sich einzubringen und Verantwortung zu übernehmen. Idealtypisch lassen sich daraus drei Verständnisse demokratischer Mitbestimmung im Jugendverband herleiten (vgl. Abbildung 7).

Mitbestimmung unter Vorbehalt	Pädagogisch angeleitete Mitbestimmung	Mitbestimmung als Prinzip
Demokratische Mitbestimmung wird prinzipiell nicht allen Mitgliedern gewährt. Sie ist abhängig von, z.B. – Alter – Größe der Gruppe – Angebotsform / Ziel – Gruppenphasen	Demokratische Mitbestimmung soll prinzipiell für alle Mitglieder möglich sein, sie ist das Bildungsziel des Jugendverbands. Dazu bedarf es auch pädagogisch angeleiteter Verfahren und Erfahrungen.	Demokratische Mitbestimmung wird prinzipiell von allen Mitgliedern erwartet. Voraussetzung für die Teilnahme an Aktivitäten des Jugendverbands ist die Bereitschaft, diesen mitzugestalten.

Abbildung 7: Typen des Demokratieverständnisses in Jugendverbänden

Neben diesen Aspekten der strukturellen Mitbestimmungs- und Bildungsmöglichkeiten wird Demokratielernen allerdings vor allem als Erfahrungslernen und der Jugendverband als Erfahrungsraum beschrieben.

4.2.2. Demokratie als Erfahrung

Im 16. Kinder- und Jugendbericht wird deutlich herausgestellt, dass Demokratiebildung einerseits ein Bildungsprozess und -auftrag ist und zum anderen in Erfahrungsräumen stattfindet, die eng mit den Lebenswelten der Kinder und Jugendlichen verknüpft sind (Deutscher Bundestag 2020, S. 15). So divers die Sozialräume sind, in denen sich Kinder und Jugendliche bewegen, so diffus und vor allem lückenhaft stellt sich die wissenschaftliche Datenlage dar, aus der sich ein Gesamtbild ergibt, „das Erfahrungen Jugendlicher in außerschulischen Bildungsräumen umfassend beschreiben könnte“ (ebd., S. 352). Dennoch ist unbestritten, dass die Jugendverbände „mit ihren Strukturen und Verfahren wichtige zusätzliche Bildungs- und Lernerfahrungen im Feld der Kinder- und Jugendarbeit eröffnen“, denn „die institutionellen Strukturen“ bilden „sowohl einen Rahmen als auch basierend auf entsprechenden Verfahren demokratisch verfasste Strukturen“ und sind „damit durch junge Menschen gestaltbar“ (ebd., S. 369). Es wird attestiert, dass demokratische Erfahrungen durch umfassende Mitbestimmungsrechte, differenzierte Gremienstrukturen und ein häufig durchgängiges Delegationsprinzip bis hin zur Bundesebene oder sogar darüber hinaus für junge Menschen möglich sind (ebd.). Auch für örtliche Jugendgruppen fällt ein ähnlich positives Bild aus: dort ergeben sich demokratische Erfahrungen durch die Freiwilligkeit der Teilnahme, eine gruppenbezogene Selbstorganisation oder einen hohen Grad an Gestaltbarkeit (ebd., S. 366).

Die vorstehenden Aussagen über die verbandliche Jugendarbeit als Erfahrungsraum für die Demokratiebildung junger Menschen können sowohl auf der Strukturebene als auch auf der (lokalen) Gestaltungsebene durch diese Studie bestätigt werden. In der Weiterentwicklung dieser Erkenntnisse werden nachfolgend Ergebnisse unter den Aspekten „Demokratie im doing", „Selbstwirksamkeit" und „Hürden und Grenzen" dargestellt. Als Vorbemerkung sei vorangestellt, dass es überraschend für das Forschungsteam war, dass die Corona-Pandemie und die daraus resultierenden Einschränkungen für das persönliche Leben und die strikten Maßnahmen für die Kinder- und Jugendarbeit keine Rolle für die Co-Forschenden spielten. Das Team hatte dies als Formulierung einer Hürde erwartet, aber in allen Diskussionen wurde in diesem Zusammenhang Corona nur ganz punktuell erwähnt und nicht vertiefend erörtert. Dies mag dem Umstand geschuldet sein, dass das Thema „Demokratiebildung" nicht in Bezug zu Corona gesetzt wurde, oder die Co-Forschenden „coronamüde" waren und es einfach ausblendeten. Dadurch wurden für die Jugendarbeit breit diskutiere Themen wie Auswirkungen auf Familie, Jugendhilfe oder Erziehungshilfen (Lutz/Steinhaußen/Kniffki 2021) nicht in den Blick genommen. Der gesteigerte Medien- und Drogenkonsum sowie die psychischen Auswirkungen auf junge Menschen, wie sie in den COPSY Studien dargestellt werden (Ravens-Sieberer et al. 2021), fanden keine Reflexion in dieser Studie.

4.2.2.1 Demokratie im „doing"

Über alle Jugendverbände hinweg wird von den Co-Forschenden bestätigt, dass die Jugendverbandsarbeit ihnen dabei hilft, sich Demokratie anzueignen. Sei es in Gruppenstunden, auf Freizeiten, bei gemeinsamen Aktionen oder Wahlen: in allen Jugendverbänden, lernen die Engagierten (wenn sie es wollen und sich engagieren, vgl. Kap. 4.2.1), sich mit anderen Mitarbeitenden und in Verbandsstrukturen auf Inhalte, Prozesse oder Lösungen für Problemlagen zu einigen. Dies geschieht auch in Abstufung mit ihnen anvertrauten Teilnehmenden von Programmen – abhängig vom Verband spielen dabei das Partizipationsverständnis sowie die Faktoren Alter und Dauer der Zugehörigkeit zum Verband eine Rolle. Dieses „Lernen" der

Demokratie wird als wertvolle Erfahrung verstanden, die im *doing* passiert – also als Erfahrung, bei Programmen und Prozessen beteiligt zu werden und daran mitzuwirken.

Diese Betonung des Erfahrungslernens erklärt, warum die Jugendleiterschulungen (Juleica) als Element der Demokratiebildung in den Ausführungen der Co-Forschenden fast keine Rolle spielt. Die Effekte von Gruppenschulungen wurden über alle Diskussionen hinweg nur siebenmal genannt, bezogen sich dabei aber hauptsächlich auf verbandsinterne Schulungen der JDAV. Deren Jugendleiter:innen nennen die internen Gruppenschulungen als wichtiges Lernfeld für das eigene Demokratielernen und Reflexion: Die Grundausbildung in der Kinder- und Jugendarbeit hilft als Reflexionshintergrund – der Inhalt der Schulungen ist aber nicht präsent, genauso wenig wie im EJW. Dabei hatten 17 der 35 Befragten eine Juleica-Schulung absolviert, wobei 12 der 17 aus dem EJW kamen. Es kann also gefolgert werden, dass die Juleica-Schulungen und weitere Schulungsformate fast keine Rolle dabei spielen, sich Demokratie anzueignen – denn dies passiert wie oben beschrieben in der konkreten, meist lokalen Situation der Jugendverbandsarbeit.

Aus dieser Situation heraus erklärt sich auch, dass die Rolle von Vorbildern im Aneignen von demokratischen Prozessen zentral ist. Diese Vorbilder können die eigenen Jugendleiter:innen, ältere Mitarbeiter:innen oder auch hauptamtliche Jugend(bildungs)referent:innen sein. Dabei sind sich nur die Engagierten in der JDAV ihrer *eigenen* Vorbildfunktion im Bereich der Bildung für andere Kinder, Jugendliche und Gruppen bewusst. Zum einen sehen Teilnehmende, wie Jugendleiter:innen bspw. einen Konflikt lösen, zum anderen sehen sie, wie Ämter von Jugendleiter:innen ausgefüllt werden. Dieses Vorleben von Werten und eine beteiligende Haltung führen zum eigenen Engagement der Teilnehmenden.

Somit findet in den Jugendverbänden ein *learning by doing*-Prozess statt, der vom Modelllernen, praktischen Reflektieren und eigenen Tun beeinflusst wird. Dabei fehlt in allen drei Verbänden aber eine Metareflektion über genau diese Prozesse. Die Engagierten können ihre Erfahrungen mitteilen, setzen sie aber nicht in Bezug zu einem gemeinsam vereinbarten Entscheidungs- und Partizipations-Modell oder Demokratie-Konzept. Dadurch wird die Schlussfolgerung des 16. Kinder- und Jugendberichts untermauert, „dass die Jugendvereine und -verbände ihre Möglichkeiten zur Demokratiebildung nicht genug ausschöpfen“ (Deutscher Bundestag 2020, S. 379). Es mangelt an Explikation, Reflexion und Kreation von Handlungswissen, damit das Bewusstsein für die eigenen positiven Erfahrungsschritte erweitert und somit die Jugendverbandsarbeit bereichert wird –

nämlich um das Element eines bewusst initiierten und reflektierten Demokratiebildungsprozess. Dieses Manko wird dadurch verschärft, dass in der JDAV sogar ein Bildungsauftrag von den Engagierten selbst formuliert wird. Sie formulieren, dass es zur Aufgabe von Jugendleiter:innen gehört, Reflexions- und Diskussionsprozesse zu initiieren und dies gute Jugendarbeit ausmacht. Die Tatsache der nicht vorhandenen Reflexion könnte auch ein Grund dafür sein, dass demokratische Prozesse als lang andauernde Prozesse wahrgenommen werden. Sie beziehen sich auf verbandsinterne Gremien-, Antrags- und Abstimmungsverfahren aber auch auf „basisdemokratische Prozesse" mit Teilnehmenden in Gruppen oder Freizeiten, die als „unnötig kompliziert" erlebt werden. Ein sensibilisiertes Bewusstsein und explizite Reflexionsverfahren könnten sicher dazu beitragen, dieser empfundenen Trägheit der Prozesse eine andere Bedeutung zu geben und die Wahrnehmung bei jungen Menschen dafür zu schärfen, dass und wie in solchen Prozessen Demokratie erfahren, gelebt und gestärkt wird.

Dies könnte dann auch zur Klärung der Frage beitragen, ob das eigene Engagement ein politisches ist. Denn der Bereich der politischen Bildung wird von den Co-Forschenden ambivalent bewertet. So wird beispielsweise in der BUNDjugend das satzungsmäßige Ziel einer kritischen politischen Bildung erreicht und von den Co-Forschenden bestätigt, ob aber ihr *eigenes* Engagement ein politisches Engagement ist und ob dies zur politischen Bildung beiträgt, wird offen diskutiert und eher abschlägig beschieden, obwohl die BUNDjugend beispielsweise auch Zugang zur Politik herstellt und explizit politische Seminare initiiert. In allen Verbänden sind sich die Co-Forschenden aber darüber einig, dass gesellschaftspolitisch relevante Themen diskutiert werden. Auf der einen Seite wird eine zunehmende Politisierung der Verbände beobachtet, die sich in der Beschäftigung mit verschiedenen Themen widerspiegelt (z.B. Nachhaltigkeit, Klima, Rassismus), auf der anderen Seite wird beklagt, dass es in den Verbänden zu wenig politische Debatten gibt. Dabei deutet sich an, dass es eine Ambivalenz zum politischen Engagement außerhalb des Verbands gibt, das heißt, dass der Verband die Grenze des politischen Engagements darstellt und dieser Jugendverbandsraum auch politischer Erprobungsraum bleibt, also politisches Engagement nicht darüber hinaus stattfindet, beispielsweise in der kommunalen Öffentlichkeit. Als Grund hierfür wurde zum einen benannt, dass vor allem die Mitarbeitenden, die sich in lokalen Gruppen engagieren (hauptsächlich EJW und JDAV), sich dort so stark einbringen, dass sie keine Zeit haben, sich für weitere (politische) Aktionen oder Gremien einzusetzen. Und zum anderen ist es auch einfacher, in den eigenen Verbandsstrukturen zu bleiben und deren Möglichkeiten auszuschöpfen und zu nutzen und sich nicht mit etwas „Neuem“ auseinanderzusetzen. Dieses ambivalente Verhältnis zum politischen Engagement berührt aber nicht die Tatsache, dass nach oder während des jugendverbandlichen Engagements schon politische Karrieren beginnen können. Oft liegt deren Basis – so die Wahrnehmung der Co-Forschenden – sogar in der Jugendverbandsarbeit. Somit bleibt zusammenfassend festzustellen: Demokratieerfahrungen werden im *doing* erlebt, aber es bleibt die Frage an die Jugendverbände: Wie gelingt die Reflexion dieser Erfahrungen, so dass aus Erfahrung Bildung wird?

4.2.2.2 Selbstwirksamkeit

„Ich glaube durch die Jugendarbeit habe ich vor allem gelernt, dass meine Stimme nicht nur eine Meinung ist, sondern die auch wirklich was bewirken kann, indem ich mich für Dinge einsetze, indem ich mit den richtigen Leuten rede, indem ich Strukturen verstehe und weiß, wo ich ansetzen muss, damit ich irgendwas verändern kann“ (EJW 1: 161). Der Hauptfokus dessen, was die Engagierten durch ihr Beteiligt-Sein und ihr Beteiligen von Anderen lernen, ist, ihre Meinungen zu äußern und verschiedene Standpunkte und Ideen zu diskutieren. Darin sehen sie für sich die Erfahrung von Wirksamkeit, die sie in einem geschützten Rahmen erproben und erlernen können. Über alle Verbände hinweg bestätigen die Co-Forschenden, dass es dazu zum einen die Sicherheit der Gruppe braucht, die beispielsweise mit ihrer Fehlerfreundlichkeit oder ihrem Feed-Back dabei hilft. Es wurden zwei wichtige Aspekte herausgearbeitet, die in allen Verbänden genannt wurden, um diesen Raum der Selbstwirksamkeit im Jugendverband zu beschreiben: 1. Andere vertrauen mir und 2. Ich darf etwas Ausprobieren.

Beide Aspekte führen dazu, dass die Co-Forschenden beginnen, Gestaltungsräume einzunehmen und diese dann mit zunehmender Wirksamkeitserfahrung in alle Dimensionen gestalten und somit immer mehr in den Verband hineinwachsen. Die Initialzündungen bei Engagierten in allen Verbänden war aber der Impuls von jemandem (egal ob haupt- oder ehrenamtlich), der für eine Aufgabe oder Position angefragt hat („kannst du dir vorstellen ...“) und dabei signalisiert hat, „du schaffst das“ und zum anderen den Mut zum ersten Schritt gegeben hat – oder wie es mehrmals formuliert wurde – „zum Sprung ins kalte Wasser“. Hierzu sind neben den Schulungen vor allem die Beziehungen zu anderen Haupt- und Ehrenamtlichen entscheidend. Dadurch, dass sich die Verbandsmitglieder untereinander kennen, öffnen sie einen Schutzraum, indem sich der:die Einzelne engagieren kann. Dies kann zum einen als ein Qualitätsmerkmal von Jugendverbandsarbeit gewertet werden, die sich ja weitestgehend dem Prinzip einer beziehungsorientierten Jugendarbeit verpflichtet fühlt, ist aber auch eine Anfrage an den Zugang zum Verband. Wenn Vertrauen über Beziehung aufgebaut wird und nicht über formale Qualifikationen oder transparente Zugänge, birgt dies die Gefahr zur Exklusion derer, die nicht im Augenmerk der Anfragenden sind, oder eben keine so gute Beziehung aufbauen konnten.

Im Vergleich zu anderen Lebensbereichen sehen die Co-Forschenden ihren jeweiligen Jugendverband als ermöglichenden Raum. Im Vergleich zur Schule wird dort echte Partizipation betrieben. In der Schule als Klassensprecher:in werde man zwar beteiligt, aber es wird klar, „dass es deutlich wichtigere Sachen gibt, als wie und ob es einen Schulpulli gibt. Also ich weiß nicht, da sind mir andere Themen halt irgendwie wichtiger, da setze ich mich dann lieber für ein“ (BUND1: 810f.). Im Verband werden dagegen umfassende Zugänge zur Mitgestaltung angeboten und eröffnet – wenn der:die Jugendliche das will. In den Gruppendiskussionen des EJW und JDAV wurde der Vergleich zu den Sportvereinen gezogen, die aber hauptsächlich unter dem Aspekt des Leistungsdrucks wahrgenommen werden. Bemerkenswert ist auch, dass in allen Diskussionen der jeweilige eigene Jugendverband als derjenige wahrgenommen wird, der im Vergleich mit anderen Jugendverbänden die größeren Gestaltungsmöglichkeiten bietet.

Der Nutzen dieses erlebten und gestalteten Demokratieerfahrungs- und Selbstwirksamkeitsraums wird über alle Verbände hinweg von den Co-Forschenden auch auf der persönlichen Ebene gesehen – ob im Arbeitsleben, in der Gestaltung von Aktionen mit Kommiliton:innen oder in anderen Jugendaktivitäten. Die Engagierten bestätigen, dass sie gelernt haben, ihre Meinung zu äußern, Finanzen verwalten zu können oder Sitzungen und Versammlungen zu moderieren. Sie haben somit „fürs Leben gelernt“ und können diese Erfahrungen ins Berufsleben und auf andere Lebensbereiche übertragen und erwarten in diesen Bereichen eine Selbstwirksamkeit.

4.2.2.3 Hürden/ Grenzen

Für Mitarbeitende der beiden Verbände, die sich stark in lokaler Gruppenarbeit engagieren (EJW und JDAV), wird der Schutzauftrag als eine der

Grenzen demokratischer Mitbestimmung stark diskutiert. Für sie besteht ein nicht auflösbares Spannungsverhältnis zwischen dem pädagogischen Auftrag (auch Schutzauftrag) einerseits und dem Anliegen möglichst breiter Mitbestimmung andererseits. Bei Extremsituationen, in denen die Gesundheit der Teilnehmenden gefährdet ist, wie Lawinengefahr oder Gewitter am Badesee, sind sich alle einig, dass der Schutzauftrag gegenüber der Mitbestimmung überwiegt und aus Verantwortung „autoritär" gehandelt werden muss. Aber die Abwägung der Begrenzung der demokratischen Beteiligung, der Ermöglichung von Eigenverantwortung der Gruppenteilnehmenden und des Schutzauftrages der Gruppenleiter:innen ist „schwierig" und ist ein „Spagat": „Lasse ich die Kinder da reinlaufen? Dann ist es halt eine Konsequenz, dass hinterher alle Kinder super eine Erkältung haben oder mache ich ihnen das vorher klar und schränke damit dann wieder so ein bisschen die Demokratie ein?" (JDAV 2: 460f.) Hier wünschen sich die Engagierten Anleitung, Begleitung und einen Diskurs über Fragen im Grenzbereich der Mitbestimmung.

Aus unserer Sicht ist dies – neben den oben angedeuteten Exklusionsmechanismen – ein weiterer Hinweis für die Notwendigkeit eines für jeden Verband individuell vereinbarten und erarbeiteten Demokratiebildungskonzeptes, das dabei hilft, den Erfahrungsraum „Demokratie im Jugendverband" zu reflektieren und weiter zu entwickeln.

4.2.3. Zwischenergebnis: 10 Thesen für die Jugendverbandsarbeit

Als weiterer interpretativer Zwischenschritt wurden die Ergebnisse aus den Bereichen der Bildungsstruktur und des persönlichen Demokratielernens zusammengefasst, indem vom Forschungsteam zehn Thesen aus der bisherigen Datenlage und -interpretation abgeleitet wurden. Da sie im Rahmen der Handlungspausenforschung ein interpretativer Zwischenschritt waren, der zur argumentativen Validierung führen sollte, wurden sie im Hinblick auf die Gestaltung der Gruppendiskussionen der argumentativen Validierung komprimiert formuliert, denn die so erstellten Thesen sollten in diesem nächsten methodischen Schritt der Handlungspausenforschung dann argumentativ bestätigt und / oder weiterentwickelt werden. Dabei erfuhren die Thesen eine Überprüfung ihrer Relevanz und eine Beurteilung durch die Co-Forschenden.

Nachfolgend sind die die zehn Thesen dargestellt, wie sie *vor* dem Schritt der argumentativen Validierung durch das Forschungsteam formuliert wurden. In vielen Forschungsprojekten würde die Darstellung der

Ergebnisse an dieser Stelle enden. Der Anspruch der Handlungspausenforschung ist jedoch, die Ergebnisse mit den an der Forschung Beteiligten zu diskutieren, um weitere Bildungsprozesse anzustoßen und die Adressat:innen zu (Mit-)Urheber:innen der Interpretationen zu machen. Dies erklärt, warum die Thesen verdichtet und zum Teil auch provokant zugespitzt sind.

These 1: Demokratiebildung findet als Erfahrungslernen statt.
These 2: Die Juleica spielt für die Demokratiebildung keine Rolle.
These 3: Die Reflexion demokratischer Erfahrungen bleibt dem Zufall überlassen.
These 4: Beziehungen zu anderen Haupt- und Ehrenamtlichen sind die Basis, um für Ämter/ Aktionen angefragt zu werden.
These 5: Engagierte trauen sich „ins kalte Wasser zu springen“ (Verantwortung zu übernehmen), weil der Jugendverband/ Mitarbeitende einen Schutzraum/ Erprobungsraum bieten.
These 6: Innerhalb des Jugendverbandes gibt es eine Wissenshierarchie aber keine Statushierarchie.
These 7: Im Jugendverband treffen sich homogene Milieus, deshalb gibt es weniger kontroverse Debatten.
These 8: Teilnehmende haben nicht in allen Jugendverbänden Anteil an der demokratischen Mitbestimmung.
These 9: Politisches Engagement hört an der Jugendverbandsgrenze auf.
These 10: Der Erwachsenenverband kommuniziert nicht auf Augenhöhe mit dem Jugendverband: es geht dort vor allem um Macht, Geld und Bürokratie.

Die so formulierten vorläufigen Thesen wurden den Co-Forschenden, die sich zu einer argumentativen Validierung bereit erklärten, vor dem Treffen zugesandt. So konnten sie vorbereitet in die nächste Reflexions- und Diskussionsrunde kommen, um dann die Inhalte wie nachfolgend beschrieben weiter zu entwickeln.

4.3 Argumentative Validierung der Thesen und Erkenntnisse aus dem Forschungsprojekt

Die Argumentative Validierung hat in der Handlungspausenforschung nicht den Anspruch, einen Konsens über die Auswertung der Daten zwischen Forscher:innen und Co-Forscher:innen herzustellen. Es geht vielmehr darum, die Auswertungsergebnisse des Forschungsprojekts so zu diskutieren, dass sie zur Grundlage weiterer Gespräche und Bildungsprozesse in den beteiligten Jugendverbänden bzw. in der Öffentlichkeit werden können. Sollten seitens der Co-Forschenden Einwände gegenüber den Auswertungsergebnissen des Forschungsteams erhoben werden, geht es um eine Verständigung über die vorliegenden Interpretationen. Wenn diese Verständigung zu weiterhin kontroversen Einschätzungen führt, kann ein fairer Kompromiss angestrebt werden, der die unterschiedlichen Sichtweisen in der Darstellung berücksichtigt (Richter et al. 2003, S. 55).

Die Argumentative Validierung erfolgte in der vorliegenden Studie als Diskussion der zehn obenstehenden Thesen in verbandsheterogenen Gruppen (vgl. Kap. 3.2.2). Dabei bestimmten abermals die Co-Forschenden die Inhalte der Diskussionen, indem sie zunächst per Punktebewertung ihre Widersprüche zu einzelnen Thesen bzw. ihr Interesse an der Diskussion einzelner Thesen deutlich machen konnten. Einige der Thesen wurden auf diese Weise zum Gegenstand engagierter Diskussionen in einer oder mehreren Gruppendiskussionen(en), während andere Thesen nur sehr wenig Widerspruch oder Interesse weckten, so dass von einer breiten Akzeptanz der Aussage ausgegangen werden kann. Im Folgenden stellen wir die Ausgangsthesen (vgl. Kap 4.2.3.), die daraufhin geäußerten Einwände sowie die im Zuge der Diskussionen argumentativ validierten endgültigen Thesen vor. Die Überschriften zeigen dabei die endgültigen Ergebnisse der Studie in Thesenform.

4.3.1 These 1: Demokratiebildung findet vor allem als Erfahrungslernen statt

In drei der vier geführten Gruppendiskussionen wird die ursprüngliche These „Demokratie findet als Erfahrungslernen statt“ nicht diskutiert, was offensichtlich einer Zustimmung entspricht. Sie führt weder zu Widerspruch noch zu Nachfragen. In der vierten Gruppendiskussion wird darauf hingewiesen, dass in Einzelfällen durchaus auf Input von Referent:innen zurückgegriffen wird, beispielweise zu bestimmten Entscheidungsverfahren (Konsensprinzip), die dann auf Freizeiten angewendet werden. Dort werden diese Verfahren erprobt. Über eine anschließende Reflexion wird nicht berichtet: „Da ist es dann eben nicht nur Erfahrungslernen, sondern auch durch Vorträge oder Workshops lernen. Deswegen würde ich da eher bei dieser These noch ein ‚vor allem‘ oder ‚auch‘ oder so etwas ergänzen, damit klar ist, dass es nicht ausschließlich Erfahrungslernen ist" (AV 4: 759-766)[11].

Zwar wird in dieser Aussage die These grundsätzlich bestätigt, sie erfährt jedoch eine Erweiterung, indem argumentiert wird, dass auch eine inhaltliche Auseinandersetzung zu Fragen der Demokratie in Form von intendierten Bildungsprozessen stattfindet. Dies entspricht der Dimension „Demokratie als Bildungsgegenstand" des 16. Kinder- und Jugendberichts (Deutscher Bundestag 2020, S. 130 f.). Dies wird noch deutlicher in einer zweiten exemplarischen Argumentation: „Es ist ja beides. Zuerst ist es ja Input, dadurch, dass wir eine hatten, die es uns erklärt hat, das war dann einfach normales Lernen quasi und danach das Umsetzen in die Praxis und dadurch Erfahrung. Aber zuerst war es ja normales Lernen von anderen" (AV 4: 938-941).

Somit erfährt die Ausgangsthese im Zuge der argumentativen Validierung sowohl Bestätigung als auch Erweiterung. Auf der Grundlage der Ergebnisse des Forschungsprojekts ist davon auszugehen, dass Demokratiebildung im Jugendverband aus Sicht junger Menschen *vor allem* als Erfahrungslernen stattfindet.

4.3.2 These 2: Die Juleica-Schulung spielt für die Demokratiebildung keine Rolle

Die zweite These erfährt in den Gruppendiskussionen überwiegend Zustimmung. Zu präzisieren ist gegenüber der Ausgangsthese allerdings, dass es hier um die *Juleica-Schulung* geht und nicht um die *Juleica-Karte* als Nachweis ehrenamtlicher Tätigkeit, die neben der Schulung auch bspw. einen 1. Hilfe-Kurs umfasst und je nach Jugendverband auch weitere Elemente beinhaltet.

Was die Schulung betrifft, scheint das in den bundesweiten Qualitätsstandards der Juleica bislang nur empfohlene Thema „Partizipation"[12] in den Jugendverbänden in unterschiedlicher Weise berücksichtigt zu werden. Ein:e Co-Forschende:r berichtet, dass in der Schulung das Thema Demokratie/Partizipation eine große Rolle spielte, v.a. in Bezug auf die Mitbestimmung von Kindern bei Gruppenangeboten und Freizeiten. Nach der Schulung wäre ihm:ihr klar geworden, „wie die Kinder mitentscheiden

11 Die Zitation der argumentativen Validierung erfolgt nach folgendem Muster: (laufende Nr. der Arg. Validierung: Zeilen des Transkripts)

12 Vgl. https://www.juleica.de/?id=600 (Abruf: 20.02.2022)

können, was sie nächste Woche machen wollen" (AV 3: 490). Andere Co-Forschende machen deutlich, dass Demokratie in ihrer Schulung keine Rolle spielte bzw. dass es seitens der Leitenden keine Impulse zum eigenen demokratischen Handeln gab: „Das Element der Demokratie fehlt bei uns in der JuLeiCa" (AV 1: 1428).

Die argumentative Validierung zeigt damit zusammenfassend, dass die Juleica-Schulung aus Sicht der Co-Forschenden überwiegend keine Impulse für die Demokratiebildung liefert. Hier liegt aus unserer Sicht ein besonderes Potenzial, insbesondere wenn man davon ausgeht, dass die Jugendgruppenleiter:innen in der Regel eine Juleica-Schulung (oder eine ähnliche verbandsinterne Schulung) durchlaufen, bevor sie verantwortlich Gruppen oder Freizeiten leiten.

4.3.3 These 3: Die Reflexion demokratischer Entscheidungsprozesse hängt von konzeptionellen Selbstverständnissen, Traditionen und Prägungen der Jugendverbände ab

Die dritte These „Die Reflexion demokratischer Erfahrungen bleibt dem Zufall überlassen" wird in allen Gruppendiskussionen sehr kontrovers diskutiert. Insbesondere die Teilnehmenden aus der BUNDjugend reklamieren, dass demokratische Erfahrungsprozesse regelmäßig reflektiert werden und zwar nicht nur deren Ergebnisse, sondern auch das Verfahren selbst. Damit werden die demokratischen Erfahrungen zu Bildungsprozessen, die Aneignung von Demokratie ist möglich: „[D]ie Erfahrung habe ich überhaupt nicht gemacht. Also eigentlich bei jeder quasi demokratischen Erfahrung habe ich erlebt, dass danach auch darüber gesprochen wird, ob das jetzt gut so ist. Und da gibt es natürlich die eine und die andere Meinung. Aber dabei wird natürlich auch der Prozess reflektiert, ob das jetzt gut so war. Also quasi die Form der Demokratie. Und daher würde ich nicht sagen, dass das dem Zufall überlassen ist" (AV 2: 5-11). Hintergrund der hier geschilderten Erfahrung dürfte das in der BUNDjugend breit verankerte und reflektierte Konsensprinzip sein (vgl. Kap. 3.4.2). Auch andere Co-Forschenden aus der BUNDjugend berichten von fest verankerten Reflexionen demokratischer Erfahrungen.

In den anderen beiden Jugendverbänden finden solche Reflexionsprozesse nur sporadisch statt bzw. fehlen. Sie sind zum Teil auch von den Ebenen abhängig. So gibt es z.B. Reflexion im Freizeitenteam, aber nicht in den Gremien. Allerdings wird durchaus ein Wunsch nach verstärkter Reflexion geäußert. Hingewiesen wird dabei auf Erfahrungen mit erlebnispädagogischen Angeboten, bei denen Reflexion selbstverständlich ist. Diskutiert wird auch die Möglichkeit der Standardisierung in Form von regelmäßigem Feedback nach demokratischen Prozessen: „Und wenn das ein fester Tagesordnungspunkt wäre, könnte man das machen und wenn man da eine gute irgendwie Feedbackkultur einführt und das gut macht, glaube ich, kann das sehr viel bringen" (AV 3: 1038-1040). In diesem Zusammenhang wird allerdings von den Co:Forschenden die Rolle geringer werdender Zeitspielräume vieler Engagierter für ihre ehrenamtliche Jugendarbeit deutlich gemacht: sie lässt häufig wenig Raum für Reflexionsprozesse (Lange/Wehmeyer 2014).

Zusammenfassend ist auf der Grundlage der vorliegenden Ergebnisse der Analyse des 16. Kinder- und Jugendberichts zuzustimmen, dass „je nach Verband durchaus Entwicklungspotenziale im Hinblick auf politische Bildung vorhanden sind" (Deutscher Bundestag 2020, S. 384). Wenn mit politischer Bildung allerdings die Reflexion demokratischer Erfahrungen und die Vermittlung demokratischer Verfahrensweisen und Entscheidungswege gemeint ist, so zeigt unsere Studie deutlich, dass die Reflexion demokratischer Erfahrungen von der konzeptionellen Ausrichtung des jeweiligen Jugendverbandes abhängt und insofern Gegenstand von Aushandlungsprozessen sein müsste.

4.3.4 These 4: Beziehungen zu Haupt- und Ehrenamtlichen sind eine wichtige Grundlage, um für Ämter angefragt zu werden

Die vierte These „Beziehungen zu anderen Haupt- und Ehrenamtlichen sind die Basis, um für Ämter / Aktionen angefragt zu werden" wird in drei Gruppendiskussionen nicht diskutiert, sie erfährt weder Widerspruch noch größeres Interesse. Es kann damit von einer Bestätigung der These ausgegangen werden.

In einer Gruppendiskussion wird darauf hingewiesen, dass es vom Grad der Verantwortung abhängt, wie Menschen für Ämter oder Aktionen angefragt werden. Während junge Menschen bei Veranstaltungsteams mitmachen können, auch wenn sie bislang weniger bekannt sind, ist es bei verantwortlichen Gremien (Vorstand etc.) durchaus eine Frage der Kontakte, um angefragt zu werden: „Wenn ich jetzt angefragt werde: ‚He. Willst du nicht in den Vorstand?' Das ist schon krasser, als wenn irgendjemand sagt: ‚Hey komm mit ins Orgateam für die Veranstaltung. Wir machen das gemeinsam.' Das ist schon ein Unterschied" (AV 2: 544-547).

Es ist nicht weiter verwunderlich, dass die Beziehungen zu haupt- und ehrenamtlich Mitarbeitenden eine große Rolle spielen, auch bei der Anfrage für die Übernahme verantwortlicher Aufgaben im Jugendverband. Kinder- und Jugendarbeit beruht schließlich auf professionellen Beziehungen zwischen den pädagogisch Tätigen und ihren Adressat:innen (Giesecke 1997; Schröder 2021).

4.3.5 These 5: Engagierte trauen sich „ins kalte Wasser zu springen" (Verantwortung zu übernehmen), weil Mitarbeitende sie ermutigen, sich einen begleiteten Erfahrungsraum anzueignen

Die fünfte These „Engagierte trauen sich „ins kalte Wasser zu springen" (Verantwortung zu übernehmen), weil der Jugendverband/ Mitarbeitende einen Schutzraum/ Erprobungsraum bieten" wird in drei Gruppendiskussionen nicht diskutiert, sie erfährt weder Widerspruch noch größeres Interesse. Es kann damit von einer Bestätigung der These ausgegangen werden.

In einer Gruppendiskussion wird qualifiziert, welche Bedingungen erfüllt sein müssen, damit jungen Menschen zugetraut wird, eine Aufgabe zu übernehmen. So seien folgende Kriterien förderlich, damit junge Menschen für verantwortliche Funktionen angesprochen werden:

- „Also ich glaub für mich macht es dann schon auch was, wie viel *Erfahrung* eine Person hat, weil ich dann das Gefühl habe, die Person hat viel gesehen, mit vielen Menschen was zu tun gehabt. Und dann habe ich das Gefühl, dass sie es vielleicht eher wuppen kann als eine andere" (AV 3: 271-274)
- „[E]ine Person, mit der ich schon eine *persönliche Beziehung* habe, der kann ich eben sagen, ach komm wir haben doch schon des gesehen und du kannst da jetzt des einbringen. Und ich glaub da kann man viel mehr, also ist einfach erfolgreicher" (AV 3: 390-393)
- „...eine gute *Selbstreflexion, Selbsteinschätzung*, wo ich weiß, dass wenn ich der Person etwas zu traue, dass sie weiß, was sie kann" (AV 3: 278-280)

Die Ergebnisse der Studie bestätigen damit im Grundsatz, dass Jugendverbände ihren gesetzlichen Auftrag, junge Menschen zu Mitbestimmung und Mitgestaltung zu befähigen, ernst nehmen und erfüllen (§ 11 SGB VIII). Der Jugendverband wird von den Co-Forschenden gleichermaßen als Aneignungsraum realer Gruppenprozesse wie als Schutzraum für gesellschaftliche Mitverantwortung gekennzeichnet. Für den Zugang zu den weitergehenden Erfahrungen von Verantwortungsübernahme sind jedoch einige Voraussetzungen zu erfüllen. So bedarf es offenbar zumindest etwas Erfahrung in dem jeweiligen Jugendverband sowie einer persönlichen Beziehung zu einer haupt- oder ehrenamtlichen Person, die bereits in einer Leitungsposition ist. Diese Person muss zudem eine positive Einschätzung zu Reflexionsfähigkeit und Selbsteinschätzung der anzufragenden Person haben.

4.3.6 These 6: Innerhalb des Jugendverbandes gibt es eine Hierarchie der Erfahrung, aber keine Hierarchie des Amtes bzw. der Funktion.

Grundsätzlich wird der sechsten These „Innerhalb des Jugendverbandes gibt es eine Wissenshierarchie aber keine Statushierarchie" in drei Gruppendiskussionen zugestimmt, in einer wird die These nicht diskutiert. Allerdings verweisen die Teilnehmenden auf eine notwendige Begriffsschärfung. So sei das Wissen weniger entscheidend als die Erfahrung im Jugendverband. Die Erfahrung bildet bei Entscheidungen ein gewichtiges Argument, das Wort erfahrener Ehrenamtlicher zählt etwas im Jugendverband. Anders sieht es bei Ämtern aus. Zwar entscheiden Menschen in Gremien zum Teil über gewichtigere Fragen, aber die Inhaber:innen von Ämtern haben im Jugendverband nicht grundsätzlich mehr zu sagen als Personen ohne solche Ämter (anders als beispielsweise in der hierarchisch organisierten Arbeitswelt oder Bürokratie): „Und ich glaube wir sind mit unseren Jugendverbänden da an einem guten Punkt oder wir verhalten uns da gut, um das möglichst transparent zu machen und möglichst wenig die Hierarchie leben zu lassen" (AV 1: 1118-1120).

Damit bestätigt sich neben der formulierten These auch die Unterscheidung des Jugendverbands als verständigungsorientierter Lebenswelt und anderen gesellschaftlichen Sphären, die dem System zugerechnet werden können. Ohne die Begrifflichkeiten zu nutzen, beschreiben die Co-Forschenden ihren Jugendverband als gesellschaftlichen Raum, in dem andere Regeln gelten als in anderen Bereichen ihres Lebens.

4.3.7 These 7: Im Jugendverband treffen sich homogene Milieus, aber es gibt trotzdem kontroverse Debatten zu verbandsinternen Themen.

Die siebte These „Im Jugendverband treffen sich homogene Milieus, deshalb gibt es weniger kontroverse Debatten" löst in den Gruppendiskussionen intensive Diskussionen aus. Die Co-Forschenden argumentieren, dass kontroverse Debatten innerhalb des Verbandes geführt werden, obwohl sich homogene Milieus treffen: „Es stimmt schon. Dass sich Menschen mit ähnlichen Ansichten da treffen. Ich gehe jetzt nicht in einen Jugendumweltverband wenn ich eigentlich gerne einen dicken SUV fahre und es mir völlig egal ist, was mit der Welt passiert. Es ist einfach so, dass eine Grundvoraussetzung an Gleichgesinntheit da ist. Aber ich würde niemals sagen, dass mein Verband sehr homogen ist. Es gibt verschiedene Ansichten verschiedene Menschen verschiedene Meinungen" (AV 2: 155-161).

Die Homogenität der Jugendverbände wird im Wesentlichen in allen Gruppendiskussionen bestätigt, von manchen Teilnehmer:innen allerdings durchaus kritisch gesehen: „Bei uns fühlen sich GymnasiastInnen und WaldorfschülerInnen ganz wohl, die alle bunte Hosen tragen, aber ja, ich würde sagen, seit ich dabei bin, also seit 2013 oder so, ist der Verein noch genau derselbe und genauso wenig divers wie damals" (AV 4: 598-601). Problematisiert werden in diesem Zusammenhang vor allem Einschränkungen des Zugangs zum Jugendverband, z.B. durch Bildung oder eine bestimmte Art der Diskussionskultur oder der Themen. Dennoch weisen die Co-Forschenden vehement darauf hin, dass aus der Homogenität der Mitglieder eben nicht die fehlende Kontroversität der Diskussionen folgt: „Man hat schon das gleiche Ziel. Aber viele verschiedene Menschen wollen mit verschiedenen Methoden da rangehen. Oder glauben halt, dass es auf die eine oder andere Art besser ist. Und da gibt es durchaus kontroverse Debatten. Ja auch einfach über so Feinheiten in der Gestaltung dann" (AV 3: 186-190).

Die Teilnehmenden diskutieren insbesondere in einer Gruppendiskussion lebhaft darüber, wie eine größere Heterogenität im Jugendverband möglich wäre – und ob das überhaupt sinnvoll ist: „Ich weiß nicht, also bei uns gibt es so gut wie keine People of Color, dann ist schon noch die Frage jetzt zum Beispiel in den Medien: Sind sie deshalb bei uns, also auf unserer Homepage, nicht repräsentiert? Sollte man da jetzt aktiv irgendwelche Fotos reinstellen, wo People of Color drauf sind, nur damit man das gemacht hat, was ja auch wieder diskriminierend ist? Also ich finde es eine sehr schwierige Frage, auch so mit welchem Ziel wollen wir die eigentlich zu uns holen? Ja, Diversität ist irgendwie cool, aber welches Ziel hat dann das Ganze und reicht es nicht schon, wenn wir daran arbeiten, dass wir nicht exklusiv sind?" (AV 4: 549-558).

Zusammenfassend ist festzustellen, dass die vom Forschungsteam herausgearbeitete Kausalkette von der Homogenität der Teilnahme zur fehlenden Kontroversität der Inhalte von den Co-Forscher:innen nicht geteilt wird. Zwar bestätigen sie in der Konsequenz die „Familiarisierung" (Sturzenhecker/Richter 2011) ihrer Jugendverbände und sehen darin durchaus ein Problem. Sie machen jedoch trotzdem die Erfahrung intensiver Diskussionen. Dabei bleiben allerdings die Themen relativ homogen, das Vereinskriterium der Öffentlichkeit wird nicht voll umfänglich erfüllt, da die in der Öffentlichkeit diskutierten Themen nicht in ihrer Breite Einzug in den Jugendverband finden. Es findet also – aus Sicht der Forschenden – ein zweifach eingeschränkter Diskurs statt, eingeschränkt hinsichtlich der daran Teilnehmenden und der dort behandelten Themen.

4.3.8 These 8: Teilnehmende haben nicht in allen Jugendverbänden Anteil an der demokratischen Mitbestimmung

Die achte These „Teilnehmende haben nicht in allen Jugendverbänden Anteil an der demokratischen Mitbestimmung" findet insgesamt Zustimmung. In zwei Gruppendiskussionen wird sie gar nicht diskutiert. In den anderen Gruppendiskussionen wird darauf hingewiesen, dass Teilnehmende erwarten, ein Programm angeboten zu bekommen, dass sie „konsumieren" können. Wenn dieses Programm offene Angebotsräume impliziert, die von Teilnehmenden gefüllt werden können, verschwimmen die Grenzen zwischen Teilnahme und Mitwirkung.

Auffällig ist, dass die These in keiner der Diskussionen problematisiert wird. Teilnehmende erscheinen den Co-Forschenden nicht als Teil des Jugendverbandes, sondern dessen Zielgruppe, jedoch ohne den Jugendverband selbst mitgestalten zu können. Abhängig von Alter der Teilnehmenden, Angebotsform (Gruppe vs. Projekt / Freizeit), Größe des Jugendverbands, Dauer der Zugehörigkeit und Verbandsthemen steigt allerdings die Option zur Mitgestaltung.

Damit stellt sich im Kern die Frage, wer eigentlich zum Volk (*demos*) des Jugendverbands gehört. Werden Teilnehmende von der Mitbestimmung im Jugendverband ausgeschlossen, dann findet sich analytisch eher eine Expert:innendemokratie als eine deliberative Demokratie. In einer der Gruppendiskussionen werden allerdings auch Lösungswege zur Einbeziehung der Teilnehmenden diskutiert, etwa offene Workshops, Interessenabfrage oder Mitbestimmung bei Inhalten.

4.3.9 These 9 Der Jugendverband befähigt junge Menschen zu politischem Engagement, die Mitwirkung des Jugendverbands an der öffentlichen Meinungsbildung ist jedoch abhängig von den Verbandszielen.

Die neunte Ursprungsthese „Politisches Engagement hört an der Jugendverbandsgrenze auf" stieß bei den Co-Forschenden erwartungsgemäß auf Widerspruch. Sie argumentieren, dass der Jugendverband sie zu politischem Engagement befähigt hat. So nennen die Teilnehmenden einzelne Beispiele von Engagierten, die sich neben der Jugendverbandsarbeit auch in anderen politischen Gremien engagieren (Jugendgemeinderat etc.). Für viele sei jedoch ein Engagement in politischen Strukturen zeitgleich zum Engagement im Jugendverband mangels Zeitressourcen nicht möglich.

Ob der Jugendverband als Ganzes sich politisch einbringt, ist von den Verbandszielen abhängig. So berichtet ein:e Teilnehmende:r aus der BUNDjugend von Aktionen, mit denen sich der Jugendverband in politische Diskurse einbringt: „Also ich würde sagen, dadurch, dass bei der BUNDjugend zum Beispiel gemeinsame Fahrten zu Demonstrationen organisiert werden oder Kampagnen gestartet werden oder politische Aktionen geplant werden, würde ich schon sagen, dass es jedenfalls in der BUNDjugend auf jeden Fall politisch ist. Wir versuchen auch Einfluss auf die Politik zu nehmen oder halt auf die politische Einstellung von anderen Menschen" (AV 4: 328-333). Co-Forschende aus anderen Jugendverbänden nehmen das anders wahr: „Also ich persönlich nehme halt kein politisches Engagement wahr. Einfach weil in dem Ehrenamt was ich ausübe kommt das einfach nicht vor" (AV 2: 922-924).

Die argumentative Validierung hat damit zu einer Differenzierung der These hinsichtlich der Frage geführt, ob es dabei um den Jugendverband oder das Engagement Einzelner geht. Zusammenfassend lässt sich feststellen, dass der Jugendverband junge Menschen als Personen zwar zu politischem Engagement befähigt, welches jedoch aus Zeitgründen zum Teil nicht möglich ist. Das Mitwirken des Jugendverbands an der öffentlichen Meinungsbildung ist dagegen abhängig von den Verbandszielen und hört bei einigen Verbänden an der Jugendverbandsgrenze auf.

4.3.10 These 10: Der Erwachsenenverband kommuniziert nicht auf Augenhöhe mit dem Jugendverband: es geht dort vor allem um Macht, Geld und Bürokratie

Der zehnten Ausgangsthese wird zugestimmt. Sie wird nur in zwei Gruppendiskussion überhaupt diskutiert, in einer davon wird der These uneingeschränkt zugestimmt. In der anderen Diskussion ist zunächst eine Irritation darüber zu spüren, weil die Teilnehmenden sich von Erwachsenen im Verband wertgeschätzt und respektvoll behandelt fühlen. Dies jedoch ist gar nicht die Kernaussage der These. Auf eine entsprechende Erläuterung zu den unterschiedlichen Kommunikationsformen zwischen verständigungsorientiertem und zweckrationalem Handeln hin, wird der These schließlich zugestimmt. Verwiesen wird darauf, dass Erwachsenenverbände unter größerem Handlungsdruck stehen und weitreichendere Entscheidungen treffen müssen, während im Jugendverband (Handlungspause) mehr Zeit für Meinungsbildung und Diskurs bleibt: „[I]ch kann mir gut vorstellen, dass es tatsächlich so ist, dass da im Erwachsenenverband dann schneller Entscheidungen getroffen werden und weniger konsensorientiert ist. Aber ich denke mal, dass das auch nötig ist, weil dort wichtigere Entscheidungen gefällt werden, die vielleicht auch schneller gefällt werden müssen. Und in der BUNDjugend ist es teilweise schon so, dass es sehr, sehr lange dauert, bis etwas entschieden wird. Genau deswegen würde ich es auch gar nicht pauschal, als negativ abstempeln, aber ich kann mir gut vorstellen, dass diese These so stimmen könnte“ (AV 4: 116-124).

Das theoretische Modell der Unterscheidung von Jugendverband (Lebenswelt) und Erwachsenenverband (System) kann also nach der argumentativen Validierung bestätigt werden. Damit ist jedoch nicht gesagt, dass es nicht auch auf der Ebene des Jugendverbands Unterscheidungen von kommunikativem und strategischem Handeln geben könnte, beispielsweise zwischen den örtlichen Vereinsstrukturen und den überörtlichen Verbandsstrukturen. Allerdings sind diese aus den Aussagen der Co-Forschenden im vorliegenden Forschungsprojekt nicht herzuleiten.

4.4. Anspruch der Handlungspausenforschung: Transfer der Forschungsergebnisse in die Jugendverbandspraxis

Die Handlungspausenforschung ist eine „genuin pädagogische Methode, weil mit ihr Bildungs- und soziale Prozesse sowohl beschrieben als auch angeregt werden können“ (Richter et al. 2003, S. 57). Im vorliegenden Forschungsprojekt wurden vom Forschendenteam hauptsächlich zwei Ebenen in den Blick genommen: Für die Bildungsprozesse war es der methodische Schritt der argumentativen Validierung und für die strukturellen Prozesse das Element der Verwendung und des Transfers der Daten- und Erkenntnislage in die Jugendverbands-Praxis.

Da die Auswertung der Gespräche in der Handlungspausenforschung „insgesamt der Verdichtung von Argumenten, die in der Öffentlichkeit diskutierbar sind“ (ebd., S. 55) dienen, ist es wichtig, bereits in der Phase der argumentativen Validierung die Öffentlichkeit (im vorliegenden Fall die Öffentlichkeit der verbandlichen Jugendarbeit) in den Blick zu nehmen. Hierzu wurden wie an anderer Stelle detaillierter beschrieben (vgl. Kapitel 4.2.3.) vom Forschendenteam zehn vorläufige Thesen zur Verdichtung der Argumentationen erarbeitet, die in der Phase der argumentativen Validierung zum einen mit den Co-Forschenden argumentativ reflektiert und überprüft wurden, aber eben auch einen Bildungsprozess bei ihnen anregten, der in die Jugendverbände zurückstrahlt. Denn aus methodischer Sicht sind schon die Erhebung und die Validierung erste Schritte im angestoßenen Bildungsprozess, der nun weitere Impulse erfährt. Dies geschieht in Form einer Diskussion, die einen aktivierenden Charakter besitzt: „Mit dem Verfahren der argumentativen Validierung soll ein Gesprächsprozess angestoßen werden. Das pädagogische Moment dieser Methode liegt in dem Bemühen, bei der Rationalisierung von Ambivalenzen unterstützend tätig zu werden“ (ebd., S. 56). Um dieser „Rationalisierung von Ambivalenzen“ gerecht zu werden, wurden in diesem Schritt die Teilnehmenden verbandsheterogen eingeladen. Der Gesprächsprozess wurde wiederum dadurch partizipativ eingeleitet, dass die jugendlichen Teilnehmenden die Thesen bewerteten (in Form von Zustimmung und Ablehnung / Diskussionsbedarf) und sich so durch die Quantität ihrer Bewertungen eine Strukturierung des nachfolgenden Gesprächs ergab. Die Co-Forschenden bestimmten dadurch die Inhalte und den Ablauf des Gesprächs. Das Forscherteam beteiligte sich als Erklärende bei inhaltlichen Nachfragen und als Lernende im Diskussionsprozess. Dass der Schritt der argumentativen Validierung dabei schon ein Schritt zur Rezeption und dann weitergehenden Nutzung sein kann, zeigt das nachfolgende Zitat am Schluss einer Gruppenrunde: „Also ich kann mir gut vorstellen, diese Thesen bei uns in den Vorstand mit reinzunehmen, um auch als Vorstand mal darüber zu diskutieren, was wir davon halten (lachen) und ob wir das alles auch so sehen oder vielleicht auch anders darüber denken“ (AV 4: 1064).

Der zweite Aspekt – der Diskurs und die Rezeption in der jugendverbandlichen Öffentlichkeit hat zuallererst einmal einen normativen Anspruch: „Das durch die Forschung angesammelte Wissen soll neben seiner wissenschaftlichen Verwendung auch und gerade den Gesprächspartner:innen im Forschungsfeld zugute kommen“ (Richter et al. 2003: 57). Der nachfolgende theoretisch formulierte Anspruch musste sich nun in der Praxis beweisen, es ist nämlich „der Anspruch der Handlungspausenforschung, den Rücklauf der zusammengetragenen Ergebnisse in dieselbe Öffentlichkeit zu gewährleisten, aus der sie stammen, um auf diese Weise zur Herstellung bzw. (Re-) Animierung von Öffentlichkeit zu motivieren, die ihrerseits selbständig und mündig über die Verwendung entscheiden kann“ (ebd.). Die nachfolgenden Schritte, die dem Ziel des Auslösens von Bildungs- und Strukturprozessen im Forschungsgebiet (Jugendverbandsarbeit) dienen sollen, wurden wie folgt durchgeführt oder sind zum Zeitpunkt der Drucklegung dieses Buches noch nicht abgeschlossen.

Zuerst wurde den Bildungsreferent:innen der beteiligten Jugendverbände die Entstehung der Thesen und deren Inhalte in einem diskursorientierten Format vorgestellt. Hintergrund dieses Schrittes war nicht eine weitere Validierung, sondern das Anstoßen von Bildungs- und vor allem Aktivierungsprozessen in den jeweiligen Verbänden. Das Angebot des Forschungsteams war dabei, die Bildungsreferent:innen in ihrer (Aktivierungs-)Arbeit bei der Präsentation der Ergebnisse zu unterstützen. Ziel ist, einen „fachlich“ eingeführten Diskursraum zu eröffnen. Zwei Verbände haben dieses Angebot angenommen und im Jahr 2022 auf einer zentralen Mitgliederversammlung und einer Arbeitsgruppe des Verbandsvorstands um eine Präsentation gebeten. Im Landesjugendring Baden-Württemberg wurden die Ergebnisse zudem im Referent:innen-Team rezipiert und im „Ausschuss für Ehrenamt und Engagement“ vorgestellt und diskutiert. Weiterhin werden die Ergebnisse und deren Relevanz auf einem Fachtag für Studierende der Evangelischen Hochschule präsentiert – hierzu sind alle beteiligten Gruppendiskussionsteilnehmenden eingeladen.

Einen vorerst letzten Punkt des Transfers bildet diese Publikation. Somit können die beteiligten Verbände neben den zehn Thesen auch ihre eigenen Porträts (vgl. Kapitel 4.1.) weiterverarbeiten und rezipieren. An dieser Stelle endet aus Sicht des Forscherteams „der Anspruch der Handlungspausenforschung, den Rücklauf der zusammengetragenen Ergebnisse in dieselbe Öffentlichkeit zu gewährleisten“ (Richter et al. 2003, S. 57) – denn auch für diese Phase der Handlungspausenforschung gilt, eine dem Forschungsgegenstand und dessen Praxis angemessene Animierung zu wahren, die die Mündigkeit der Beteiligten ernst nimmt.

5. Handlungsempfehlungen

Die Jugendverbände präsentieren sich in der vorliegenden Studie als eine Jugendbewegung, die zwischen Tradition und Aufbruch oszilliert. In den Diskussionen mit den Co-Forschenden wird eine sehr hohe Wertschätzung der Demokratieerfahrungen im eigenen Jugendverband spürbar, aber auch ein starkes Bedürfnis deutlich, den eigenen Jugendverband kritisch zu reflektieren und Impulse für dessen Weiterentwicklung durch das Forschungsprojekt und das Gespräch mit Engagierten aus anderen Jugendverbänden aufzunehmen. Die nun folgenden abschließenden Handlungsempfehlungen nehmen dieses Bedürfnis auf und zielen in zwei Richtungen, einerseits die Jugendverbandsarbeit (Kap. 5.1), andererseits die Jugendarbeitsforschung (Kap. 5.2). Sie berücksichtigen dabei die Dialektik der Ergebnisse dieser Studie. So wird auf der einen Seite zwar bestätigt, dass die befragten Jugendverbände demokratische Erfahrungen auf unterschiedlichen Ebenen bieten. Auf der anderen Seite wird deutlich, dass dieses Potenzial eben nicht für alle Mitglieder des Jugendverbands, der *embryonic society*, gilt. Die Reflexion des Forschungsprozesses macht neben dem Potenzial der Handlungspausenforschung auch deren Grenzen deutlich.

5.1 Handlungsempfehlungen für die Jugendverbandsarbeit

In der Zusammenschau der Ergebnisse des Forschungsprojektes und mit Blick auf den Forschungsprozess kann den Jugendverbänden bescheinigt werden, dass Demokratiebildung in der Jugendverbandsarbeit „passiert“. Dies ist eine erste positive Erkenntnis der vorliegenden Studie, die das theoretisch begründete Potenzial der Jugendverbandsarbeit (Kap. 2) bestätigt.

Die zweite Erkenntnis ist, dass es Bereiche gibt, in denen sich die Jugendverbandsarbeit weiter entwickeln kann und muss, wenn sie ihr Potenzial noch umfassender realisieren will. Dabei sind die nachfolgenden Handlungsempfehlungen nun aber keine weiteren *to do´s* in der Liste des vielschichtigen Engagements der Jugendverbände. Die Co-Forschenden haben in allen Verbänden deutlich gemacht, dass ihr eigenes zeitliches Engagement an einer Grenze für weitere Handlungsoptionen innerhalb und außerhalb des Verbandes angekommen ist, wie dieses Beispiel zeigt:

„[Es] bleibt mir überhaupt keine Zeit mehr, um dann nochmal eine eigene Jugendgruppe zu machen und da irgendwie Demokratiebildung zu betreiben" (JDAV 1: 63). Die Handlungsempfehlungen sollen also keinen zusätzlichen *workload* bringen, sondern bilden Leitlinien, um die bestehende, teils unbewusste – durch Partizipationshaltungen der ehren- und hauptamtlich Engagierten geprägte – Praxis der Demokratiebildung im Jugendverband zu reflektieren und weiter zu entwickeln.

5.1.1 Von der demokratischen Erfahrung zur Demokratiebildung

Die vorliegende Studie hat gezeigt, dass die befragten jungen Menschen den Jugendverband als Ort demokratischer Erfahrungen wahrnehmen. Bei aller Kritik an den Einschränkungen auf manchen strukturellen Ebenen oder für manche Personengruppen gibt es doch nur wenige gesellschaftliche Sphären und vor allem wohl wenige pädagogische Institutionen, die ein ähnliches Potenzial für demokratische Erfahrungen bieten wie die Jugendverbandsarbeit. Nun wird die demokratische Erfahrung aber erst mit der Eröffnung von Reflexionsmöglichkeiten zur Demokratiebildung. Dewey beispielsweise versteht die Erfahrung (*experience*) als Zusammenspiel von *„doing"* und *„undergoing"*:

> „The nature of experience can be understood only by nothing that it includes an active and a passive element peculiarly combined. On the active hand, experience is trying – a meaning which is made explicit in the connected term experiment. On the passive, it is undergoing. When we experience something we act upon it, we do something with it; then we suffer or undergo the consequences." (Dewey 1916/1947, S. 163)

Das heißt, zur konkreten Demokratieerfahrung gehört – zumindest in Momenten der Irritation oder Verunsicherung – die pädagogisch angeleitete Reflexion über die gemachten Erfahrungen und damit die Einsicht in Herausforderungen und Lösungen (Neubert 2012, S. 235). Es findet also eine Auseinandersetzung mit erlebten Situationen statt, die zu Stabilität und Sicherheit in neuen Situationen führen kann. Erst damit wird aus der Erfahrung Demokratiebildung.

Übertragen auf die Situation in Jugendverbänden sehen wir daher einen dringenden Bedarf darin, Demokratiebildung im Jugendverband stärker konzeptionell zu verankern, insbesondere entsprechende Reflexionsgelegenheiten zu bieten. Dazu ist es erforderlich, den Jugendverband bewusster als Ort demokratischer Bildung zu begreifen und zu gestalten und dabei Beispiele aus der eigenen Lebenswelt und Jugendarbeitspraxis zu identifizieren und zu reflektieren. So könnte beispielsweise der Schutzauftrag, der von den Co-Forschenden als ambivalent erlebt wird, da er Mitbestimmungsmöglichkeiten begrenzt („darüber wird nicht diskutiert"), als „natürliche" Situation in einem solchen Demokratiebildungsprozess benannt und Handlungsoptionen erarbeitet werden, die dann in eine demokratietheoretisch reflektierte Praxis führen.

Ein solches Verständnis würde sich dann in den Bildungsinhalten widerspiegeln. Nicht nur, aber auch in der Juleica-Schulung müssten Fragen der Mitbestimmung und Partizipation, der demokratischen Strukturen und des Demokratieverständnisses vermittelt und geeignete Verfahren diskutiert und entwickelt werden, die Kindern und Jugendlichen in Jugendverbänden ihr Recht auf Mitbestimmung sichern. Die Schulungen selbst müssten dabei zum demokratischen Erfahrungsraum werden, d.h. Struktur, Inhalt und Rahmenprogramm einer solchen Schulung wären Gegenstand der Mitbestimmung der Teilnehmenden. So könnte auf den Schulungen Demokratie erfahrbar und reflektiert werden. Als ersten Schritt empfehlen wir die Überarbeitung der bundeseinheitlichen Standards zur Juleica-Schulung. Demokratische Partizipation muss zukünftig als verbindlicher Bestandteil einer jeden Juleica-Schulung vermittelt werden und nicht als optionaler Baustein, der von den Interessen des jeweiligen Leitungsteams abhängig ist.

5.1.2 Exklusionsmechanismen abbauen

Die vorliegende Studie zeigt, dass Demokratiebildung im Jugendverband nicht allen Mitgliedern gleichermaßen offensteht. Exklusionsmechanismen wirken auf unterschiedlichen Ebenen: erstens beim Zugang zum Jugendverband, zweitens innerhalb des Jugendverbandes zwischen unterschiedlichen Mitgliedergruppen und drittens beim Zugang zu Ämtern und Funktionen.

5.1.2.1. Zugang zum Jugendverband

In allen Gesprächen mit den Co-Forschenden wurde deutlich, dass die Jugendverbandsarbeit in einem Spannungsverhältnis steht. Einerseits kommt sie ihrem spezifischen Ziel der Identitätsbildung junger Menschen nach, indem sie es Individuen und Gruppen ermöglicht, ihre Interessen einzubringen und in der Begegnung mit Gleichgesinnten Selbstwirksamkeit zu erleben. Eine wesentliche Grundlage dessen sind ähnliche Interessen der sich vergemeinschaftenden Menschen, daraus ergibt sich zwangsläufig eine gewisse Homogenität der Mitgliederstruktur. Die inhaltliche Gestaltung der Angebote und die pädagogischen Ziele basieren dabei zum einen auf dem Verbandszweck, zum anderen auf der gemeinsamen Willensbildung und demokratischen Entscheidungsfindung derer, die den Jugendverband gestalten – ehren- und hauptamtlich Aktive und die teilnehmenden Kinder und Jugendlichen selbst.

Andererseits sind Vereine dem Sozialraum verpflichtet und beziehen sich auf die kommunale Öffentlichkeit. Vereine haben in der Regel einen festen Ort an dem sich das Vereinsleben abspielt – dazu zählen Vereinshäuser, gemietete Gruppenräume oder sonstige Lokalitäten, die dem Vereinszweck dienen (sollen). Sehr oft wurde in der Diskussion deutlich, dass sowohl der Ort als auch der Zweck des Vereins andere junge Menschen ausschließen – durch Gestaltung, Sprache, Kleidung, Ernährung oder das Vereinsprinzip selbst. Es wurde als Schwierigkeit empfunden, andere Jugendliche, die in demselben Sozialraum wohnen, in den Jugendverband zu integrieren, vor allem wenn sie anderer nationaler oder kultureller Herkunft sind. Als Beispiel kann folgendes Zitat dienen:

> „Aber eben das Problem ist auch erstmal reinzukommen und da, also ich meine es heißt schon immer ‚ja, wir sind so offen', aber ich glaube, wir repräsentieren halt dann doch nach außen ein gewisses Bild, was dann auch manche Leute vielleicht einfach abschreckt oder ja wo sich manche Leute einfach nicht so willkommen fühlen, wie sie es vielleicht sollten." (JDAV 1: 995)

Dieses Spannungsverhältnis lässt sich nicht auflösen, aber aus Sicht des Forschendenteams muss es immer wieder reflektiert und die damit zusammenhängende systemimmanente Exklusivität und ihre Exklusionsmechanismen kritisch hinterfragt werden. Dabei geht es nicht nur um die Herstellung einer Öffentlichkeit (vgl. 5.1.3.) sondern um die bewusste Wahrnehmung, Inklusion und Gestaltung eines sich stets wandelnden und sich entwickelnden Sozialraums, in dem der Verein mit seinen Zielen und seiner Lokalität verankert ist. Denn „Sozialraumorientierung richtet sich als sozialräumlich-reflexive Haltung einerseits auf die Thematisierung handlungseinschränkender sozialer Verhältnisse" und andererseits „stehen die Erweiterung und die Unterstützung der Handlungsfähigkeiten und

Handlungskompetenzen von Menschen im Vordergrund“ (Deinet/Krisch 2021).

5.1.2.2 Rollenklärung innerhalb des Jugendverbands

Eines der auffälligsten Ergebnisse ist wohl die Figur des:der Teilnehmenden. Die Co-Forschenden waren sichtlich hin- und hergerissen zwischen dem Anspruch, eine konkurrenzfähige Dienstleistung (etwa eine Freizeit) zu bieten, damit pädagogische Ziele zu erreichen und andererseits dem Anspruch, die Mitbestimmung durch teilnehmende Kinder und Jugendliche zuzulassen. Der Grund dafür sind gesellschaftliche Veränderungsprozesse, die sich massiv auf die Jugendverbandsarbeit auswirken und zu den an anderer Stelle beschriebenen Entwicklungen der Verbetrieblichung, Verschulung und Familiarisierung führen (Ahlrichs 2019). In Konkurrenz mit anderen Akteur:innen, beispielsweise kommerziellen Freizeitanbietern, fühlen sich Jugendverbände gezwungen, ein attraktives Dienstleistungsangebot zu machen, einerseits auf dem freien Markt, andererseits auch als Anbieter:innen von Angebotsformen an Schulen. Oder sie entziehen sich bewusst dieser Konkurrenzsituation, indem sie nur noch wenige, vergleichsweise leicht zu erreichende Kernmilieus zu erreichen versuchen.

Vor diesem Hintergrund ist es nicht überraschend, dass Jugendverbände nicht von Mitgliedern sprechen, sondern von Teilnehmenden. Sie vernachlässigen damit jedoch eines ihrer markantesten Strukturprinzipien. Denn Mitglieder sind berechtigt, bei Entscheidungen mitzubestimmen, die das gemeinsame Vereinsleben betreffen. Teilnehmende sind eben nicht automatisch auch Teilhabende, sie werden vielmehr als Zielgruppe identifiziert. Der Mitgliedsbegriff wäre demzufolge (wieder) stark zu machen, da er zu einer gegenseitigen Anerkennung als Mitbürger:innen des Jugendverbands führen könnte, unabhängig von unterschiedlichen Rollen, die die Funktionsfähigkeit dieser *embryonic society* gewährleisten.

In diesem Zusammenhang gilt es auch, methodisch attraktive Formen der Partizipation zu entwickeln und damit Mitspracherechte durch entsprechende demokratische Verfahren zu verankern. Die Beispiele in dieser Studie zeigen einige gute Versuche, einer „mitgliedsgerechten“ Gestaltung von zentralen Entscheidungsformaten.

5.1.2.3. Zugang zu Entscheidungsstrukturen: Ämter und Funktionen

Die bereits für hauptamtliche Jugendbildungsreferent:innen festgestellte „Gatekeeper-Funktion" (Ahlrichs 2019, S. 315) kann auf der Grundlage der vorliegenden Studie auch auf ehrenamtlich Mitarbeitende übertragen werden. Zugänge zu entscheidungsrelevanten Funktionen in den Mitbestimmungsstrukturen des Jugendverbands sind häufig von Personen und Beziehungen abhängig. Indem ehrenamtlich Mitarbeitende Kinder und Jugendliche gezielt ansprechen, sie für Kandidaturen motivieren und einen Schutzraum zum Ausprobieren bieten, eröffnen sie Bildungsgelegenheiten sowie Erfahrungsräume für Selbstwirksamkeit. Letztlich suchen sie sich die Menschen aus, mit denen sie in Gremien und Projekten zusammenarbeiten möchten. Damit jedoch verschließen sie gleichzeitig Zugänge für andere junge Menschen, ohne sich dessen bewusst zu sein.

Vor diesem Hintergrund wurde in den Gesprächen diskutiert, ob Zugangswege transparenter und Ansprechpersonen benannt werden können. Wir empfehlen darüber hinaus grundsätzlich eine kritische Reflexion der eigenen „Gatekeeping"-Funktion von haupt- und ehrenamtlich Mitarbeitenden. Damit zusammenhängend wären auch Fragen von Machtstrukturen zu thematisieren, was wiederum zu politischen Bildungsprozessen führt.

5.1.3 Öffentlichkeit herstellen

Wie in Kapitel 5.1.2. dargestellt, ist eine zentrale Reflexionsaufgabe in Demokratiebildungsprozessen, Exklusionsmechanismen zu hinterfragen und abzubauen. Darüber hinaus zielt eine weitere Handlungsempfehlung, die sich vor allem aus den Thesen sieben und neun ergibt, darauf ab, Öffentlichkeit herzustellen. Unser Verständnis ist dabei, dass diese Öffentlichkeit im lokalen Sozialraum mit all seiner Pluralität und Diversität (vgl. 5.1.2.) verankert ist, aber sich nicht darauf beschränkt. Das Ziel dieser Handlungsempfehlung ist es somit, nicht nur Zugänge zum Verband inklusiver zu gestalten, sondern eine Öffnung des Verbands über seine Grenzen hinweg zu suchen. Öffentlichkeit ist dabei „die Voraussetzung dafür, ein der liberalen Demokratie angemessenes Maß an Gemeinsinn herstellen zu können. Im Rahmen des freien öffentlichen Diskurses bestimmen die Bürger die Themen der öffentlichen Debatte maßgeblich mit und in seinem Verlauf wird geklärt, welche Probleme und Herausforderungen von der Politik aufgegriffen und gelöst werden sollen" (Münch 2019, S. 94).

Hintergrund dieser Handlungsempfehlung ist, dass die Co-Forschenden sich als Engagierte in ihrem Verband oft als in einer „Blase“ Bewegende beschrieben haben: „[A]ber dadurch lebt man natürlich, wenn man es jetzt mal so sagen möchte, in gewisser Weise in so einer Blase von Gleichgesinnten“ (EJW 1: 1443). Aus unserer Sicht braucht es daher in der Jugendverbandsarbeit den Mut und die Zeit, aus der „Blase“ zu treten und die diskursive Öffentlichkeit herstellen zu *wollen*. Denn damit ist verbunden, kontroverse Debatten, die bisher verbandsintern geführt wurden, mit anderen Verbänden, Repräsentant:innen sozialer und politischer Organisationen, der Verwaltung sowie anderen Jugendlichen zu führen.

Dies könnte zum einen dazu führen, dass die bisher vernachlässigte Funktion der Jugendverbände als „Interessensvertretungen mit mandatierten Repräsentanten“ und der „Mitgestaltung unserer Gesellschaft im Interesse junger Menschen“ (DBJR 2011) stärker wahrgenommen wird. Die Eröffnung und Pflege des damit verbundenen Diskursraumes könnte sich je nach Struktur des Bundeslandes in den Händen der Stadt-, Kreis- oder Landesjugendringe finden. Somit ist der Anspruch, Öffentlichkeit herzustellen, ein Anspruch sowohl an die Jugendringe auf lokaler, regionaler und Landesebene als auch an die Jugendverbände selbst. Ein positives Beispiel des Herstellens dieser Öffentlichkeit war das Einwirken des baden-württembergischen Landesjugendrings auf die Jugendpolitik des Bundeslandes während der Corona-Zeit mit Auswirkungen auf Finanzfragen, Aufrechterhaltung von Angeboten der Jugendarbeit oder Regelungen für Freizeitangebote.

Zum anderen bietet solch eine diskursive Öffentlichkeit vor allem auf lokaler Ebene die Möglichkeit, verbandsübergreifende Themen zu identifizieren und Synergien zu erzeugen. Auf diese Weise werden die Anliegen von Kindern und Jugendlichen demokratisch legitimiert in die kommunalpolitische Diskussion gebracht. In diesem Zusammenhang zeigt sich die Relevanz des lokalen, sozialräumlichen Bezuges der Jugendverbandsarbeit. Denn ein Mitgestalten kommunaler Öffentlichkeiten ohne eigene lokale Jugendgruppen ist nur schwer möglich.

5.1.4 Kolonialisierungen des Jugendverbands abwehren

Die Stärke der Jugendverbandsarbeit ist gleichzeitig ihre Schwäche. Angesichts immer straffer werdender Bildungspläne, Zielvereinbarungen, Evidenzbasierung, Wirksamkeitsanalysen und Controlling, kurz gesagt einer zunehmenden Steuerung der Kinder- und Jugendhilfe wirkt es anachronistisch, vielleicht sogar anarchisch, auf Freiwilligkeit, Selbstorganisation und Mitbestimmung der Ziele durch Kinder und Jugendliche zu setzen. Die Jugendverbände entziehen sich damit jedenfalls in gewisser Weise dem Einfluss externer, politischer Steuerung. Gleichwohl sind die Jugendverbände eben schon rein zahlenmäßig ein bedeutender Sozialisationsort. Es ist somit nicht verwunderlich, dass Bestrebungen zunehmen, sie für politische Ziele zu instrumentalisieren, beispielsweise aktuell für Extremismusprävention oder zuvor bereits für die vielbeschworenen, arbeitsmarktrelevanten sozialen Kompetenzen.

Auch Erwachsenenverbände haben durchaus eigene Ziele mit „ihren" Jugendverbänden. Insbesondere geht es dabei um die Nachwuchsgewinnung. Die vorliegende Studie zeigt, dass die Erwachsenenverbände recht kritisch wahrgenommen werden, insbesondere da mit Co-Forschenden dort nach ihrer eigenen Wahrnehmung nicht „auf Augenhöhe" umgegangen wird. Wenn junge Erwachsene jedoch nach der Jugendverbands-Zeit für die Erwachsenenverbände gewonnen werden sollten, muss die demokratische Partizipation junger Menschen in Gremien des Erwachsenenverbands gestärkt werden. Das bedeutet auch eine veränderte Kommunikation, Offenheit für die Anregungen und Interessen junger Menschen sowie Zeit für Diskussionen.

Den Jugendverbänden empfehlen wir dringend, kritisch und wach die Kolonialisierungstendenzen von verschiedenen Seiten wahrzunehmen und nach Möglichkeit solche Versuche abzuwehren, die die Selbstorganisation von Jugendlichen einschränken. Für die Erwachsenenverbänden heißt das auch, die Autonomie des Jugendverbands in Finanz- und Organisationsfragen zu stärken. Wenn Kinder und Jugendliche in Jugendverbänden die Angebote und deren Ziele nicht mehr mitbestimmen und mitgestalten, wenn sie nicht selbst die Leitung des Jugendverbands übernehmen und ihre eigenen demokratischen Strukturen entwickeln können, verlieren Jugendverbände ihr Potenzial für Demokratiebildung.

Nicht nur von den Erwachsenenverbänden, sondern vor allem auch von politischer Seite braucht es dringend eine verlässliche, langfristige Strukturförderung anstatt einer Projektfinanzierung, die Ziele, Angebotsformen und Inhalte vorgibt und auf immer wieder neu zu konzipierende, kurzfristige Projektideen setzt. Solche Finanzierungsformen unterminieren die Mitbestimmung und Mitgestaltung der Angebote durch Kinder und Jugendliche und verringern damit das Potenzial für Demokratiebildung. Eine verlässliche Strukturförderung dagegen würde die Jugendverbandsarbeit als demokratischen Erfahrungsraum absichern und deutlicher zur Stabilisierung der Demokratie beitragen als die aktuellen Projektförderungen auf Bundes- oder Landesebene.

5.2. *Empfehlungen für die Wissenschaft*

Die vorliegende Studie untersucht letztlich nur einen sehr kleinen Ausschnitt des unterschätzten Bildungsortes Jugendverbandsarbeit. Und innerhalb dieses kleinen Ausschnittes wurde nur ein sehr kleiner Teil der Mitglieder befragt, nämlich die hoch engagierten Ehrenamtlichen, die sich auf unterschiedlichen Ebenen in ihren Jugendverband einbringen und überwiegend seit mehreren Jahren an der Mitgestaltung der Kinder- und Jugendarbeit teilhaben. Trotz dieser Begrenztheit konnten wesentliche Erkenntnisse herausgearbeitet werden, die zur Weiterentwicklung der Jugendverbandsarbeit beitragen können. Abschließend stellen wir dar, welchen weiteren Forschungsbedarf wir sehen und welche Konsequenzen sich für weitere partizipative Forschungsprojekte in der Jugendverbandsarbeit ergeben.

5.2.1. Weiterer Forschungsbedarf

Die Ergebnisse der vorliegenden Studie, die wir in Thesen verdichtet haben, eignen sich als Prüfsteine für andere Jugendverbände, um das eigene Potenzial für demokratische Partizipation zu analysieren. Sie könnten aber auch die Grundlage bilden für ein größer angelegtes Forschungsprojekt, das Jugendverbände unterschiedlicher weltanschaulicher Ausrichtung in den Blick nimmt. Es ist zu vermuten, dass dabei große Unterschiede zwischen den Jugendverbänden und den ihnen innewohnenden Potenzialen sichtbar werden. So zeigt bereits das kleine Sample dieser Studie, wie sehr konzeptionelle Ausrichtung, politisches Engagement und Tradition des Jugendverbands die Potenziale für demokratische Bildungsprozesse beeinflussen. Diese Zusammenhänge noch präziser zu untersuchen, könnte Ziel einer entsprechenden Studie sein.

Da sich die vorliegende Studie, ähnlich wie vergleichbare Studien (vgl. Kap. 3.1), auf die ehrenamtlich Aktiven im Jugendverband konzentriert, ein wesentliches Ergebnis aber der große Unterschied ist, der zwischen ihrer demokratischen Partizipation und den Beteiligungsmöglichkeiten von Teilnehmenden besteht, sehen wir hier eine große Forschungslücke. Insbesondere in solchen Jugendverbänden, die einen großen Unterschied zwischen den ehrenamtlich Mitarbeitenden und denjenigen machen, die an Veranstaltungen, Projekten oder Freizeiten teilnehmen, ohne in die Planung oder Gestaltung einbezogen zu sein, wäre eine Befragung von teilnehmenden Kindern und Jugendlichen hinsichtlich ihrer Einschätzung zu den Freiräumen für die Mitbestimmung und Mitgestaltung von Angeboten sehr erhellend. Denn letztlich zeigt sich daran, inwiefern auch in solchen Jugendverbänden prodemokratische Potenziale vorhanden sind, die gezielt gefördert werden könnten.

Ein überraschendes Ergebnis der vorliegenden Studie ist die geringe Rolle, die die Corona-Pandemie in den Gesprächen spielte. Berücksichtigt man die massiven Einschränkungen, denen Angebote der Kinder- und Jugendarbeit zeitweise unterlagen, wäre eigentlich zu erwarten gewesen, dass die Co-Forschenden Veränderungen in Beteiligungsstrukturen diskutieren, egal ob sie als Einschränkung empfunden werden oder als neues Potenzial durch die Ausweitung digitaler Besprechungen und Abstimmungsverfahren. Dennoch wären die Auswirkungen der Corona-Pandemie auf die Jugendverbandsarbeit ein wichtiges Forschungsthema. Neben der Veränderung von Beteiligungsstrukturen wären dabei auch Veränderungen in den Mitliederzahlen bzw. in der Mitgliedsstruktur zu untersuchen. Auch die Frage, ob sich Jugendverbände im Zuge der Übernahme von Unterstützungsleistungen für die Schule weiter in Richtung Dienstleistungsbetrieb (Verbetrieblichung und Verschulung, vgl. Kap. 3.1) entwickelt haben, wäre in diesem Zusammenhang interessant.

Generell empfehlen wir dringend, eine Forderung des 16. Kinder- und Jugendberichts aufnehmend (Deutscher Bundestag 2020, S. 364), ein bundesweites, verbandsübergreifendes Forschungsprojekt, das die Potenziale der Jugendverbände als unterschätzter politischer bzw. demokratischer Bildungsort aufdeckt, Herausforderungen benennt und daraus politische wie fachliche Entwicklungsperspektiven ableitet. Letztlich ist es ein nicht länger hinzunehmender Zustand, dass es zahlreiche bundesweite Vergleichsstudien zur Schulbildung gibt, nicht aber zur außerschulischen Kinder- und Jugendbildung. Mit dem Wissenschaftsnetzwerk Kinder- und Jugendarbeit stünde inzwischen eine Plattform zur Verfügung, die ein entsprechendes Forschungsprojekt umsetzen könnte.

5.2.2. Partizipatives Forschen

Die vorliegende Studie macht deutlich, dass die Handlungspausenforschung, auf die für diese Studie zurückgegriffen wurde, eine geeignete

Forschungsmethodik auch für relativ kleine, zeitlich überschaubare Forschungsprojekte darstellt. Das ist deshalb bemerkenswert, da partizipativen Forschungsansätzen der Ruf vorauseilt, sehr zeitintensiv und langwierig zu sein. Diese Studie zeigt dagegen, dass Transparenz im Hinblick auf Ziele, Vorgehensweise und Mitbestimmungsmöglichkeiten sowie klare Absprachen und kontinuierliche Kommunikation eine gute Grundlage dafür bieten, junge Menschen für ein partizipatives Forschungsprojekt zu gewinnen und als Co-Forschende dabei zu bilden. Wir sehen als weiteren Effekt partizipativen Forschens nicht nur eine Annäherung der beiden „Sphären" Wissenschaft und Praxis, sondern die Möglichkeit, wechselseitige Bildungsprozesse auszulösen, die nicht nur zu wissenschaftlichen Veröffentlichungen und deren Rezeption in Hörsälen führen. Zumindest im Bereich der angewandten Praxisforschung gewährleisten die gemeinsame Fragestellung, die kommunikative Validierung und die gemeinsame Diskussion der Ergebnisse im Zuge einer argumentativen Validierung, dass empirische Forschungsarbeiten Relevanz in der Praxis entfalten. Partizipatives Forschen, das den Theorie-Praxis-Transfer bereits innerhalb der methodischen Studienanlage berücksichtigt, ermöglicht so die Weiterarbeit mit den gewonnenen Erkenntnissen in der sozialpädagogischen Praxis nach Beendigung der Studie.

Gleichwohl liegt in dem Prinzip der Freiwilligkeit der Teilnahme – ein Strukturprinzip der Kinder- und Jugendarbeit, das selbstverständlich auch für die Jugendarbeitsforschung gilt – auch eine Begrenzung partizipativer Forschung. In der vorliegenden Studie etwa nahm nur knapp die Hälfte der Co-Forschenden das Angebot an, die Ergebnisse argumentativ zu validieren. Ob dies mit veränderten Interessenlagen zwischen der ersten und der zweiten Erhebungsphase zu erklären ist oder schlicht den knappen Zeitressourcen junger Menschen geschuldet war, wurde im Rahmen der Studie nicht untersucht.

Positiv lässt sich festhalten, dass die digitalen Besprechungsmöglichkeiten, die sich im Zuge der Corona-Pandemie etablieren konnten, die Durchführung des vorliegenden Forschungsprojektes trotz weitreichender Einschränkungen in Hochschule und Gesellschaft insgesamt erst möglich gemacht haben. Hier liegt auch für die Zukunft ein Potenzial für empirische Forschungsprojekte mit jungen Menschen, die aufgrund unterschiedlicher biografischer Rahmenbedingungen (Auslandssemester, Praktika an anderen Orten usw.) gerade nicht für ein Gespräch in Präsenz zur Verfügung stehen. Doch auch dieses Potenzial birgt zugleich Herausforderungen, so ist die Kommunikation im digitalen Raum weniger diskursiv und stärker vom Funktionieren der Technik abhängig.

Schlussbemerkungen

Aus Sicht des Forschendenteams ist somit ein Doppelpunkt gesetzt: Demokratiebildung geschieht in der Jugendverbandsarbeit und hat gleichzeitig Entwicklungspotentiale. Der Diskurs dazu ist eröffnet, relevante Gremien wurden informiert, Ergebnisse dokumentiert und präsentiert. Unser Anliegen, eine Handlungspause einzulegen und dabei eine Fragestellung gemeinsam zu diskutieren, ist aus unserer Sicht erfüllt und hat Impulse und Diskussionen auf mehreren jugendverbandlichen Ebenen ausgelöst.

Wie die Ergebnisse und Fragestellungen nun weiter verhandelt werden – in den beteiligten Jugendverbänden, in einer anderen lokalen Kinder- und Jugendarbeit oder einer ministeriellen Arbeitsgruppe – liegt nicht in unserer Hand. Wir sind als Forschendenteam bereit zu erklären, zu diskutieren und weiterhin zu lernen. Zu lernen, wie partizipatives Forschen noch konsequenter als demokratisches Forschen zu gestalten wäre, wo Demokratiebildung in einem ehrenamtlichen Arbeitsalltag an Grenzen stößt und wie mit den zahlreichen in dieser Studie dokumentierten Spannungsfeldern in der Jugendarbeitspraxis diskursiv umgegangen wird. Demokratie als Lebensform ist anstrengend, aber aus unserer Sicht alternativlos, wenn machtzementierende Strukturen keine Norm sein sollen. Sollten der hier beschriebene Forschungsprozess, das zugrunde gelegte Verständnis von Demokratiebildung und die hervorgebrachten Ergebnisse und Handlungsempfehlungen zur Weiterarbeit anregen, haben sich aus unserer Sicht die in die Studie investierten Stunden Lebenszeit aller Beteiligten sehr gelohnt.

Literaturverzeichnis

Agricola, Sigurd (1997): Vereinswesen in Deutschland. Eine Expertise im Auftrag des Bundesministeriums für Familie, Senioren, Frauen und Jugend. Stuttgart: Kohlhammer.

Ahlrichs, Rolf (2019): Demokratiebildung im Jugendverband. Weinheim: Juventa.

Ahlrichs, Rolf (2020): Von der Beteiligung zur Demokratiebildung. Qualitätsmerkmale ländlicher Kinder- und Jugendarbeit. In: Forum Jugendhilfe, H. 4, S. 13–18.

Ahlrichs, Rolf/Maykus, Stephan/Richter, Elisabeth/Richter, Helmut/Riekmann, Wibke/Sturzenhecker, Benedikt (2021): Demokratiebildung im 16. Kinder- und Jugendbericht – kritische Kommentare aus Sicht demokratischer Kinder- und Jugendarbeit. In: deutsche jugend 69, H. 10, S. 426–440.

Albert, Mathias/Hurrelmann, Klaus/Quenzel, Gudrun/Schneekloth, Ulrich/Leven, Ingo/Utzmann, Hilde (2019): Jugend 2019. Eine Generation meldet sich zu Wort. Weinheim: Beltz.

Alisch, Monika (2021): „Partizipative Forschung“. Socialnet-Lexikon. Online unter https://www.socialnet.de/lexikon/Partizipative-Forschung (Abfrage 30.12.2021).

Almond, Gabriel/Verba, Sidney (1963): The Civic Culture: Political Attitudes and Democracy in Five Nations. Princeton, NJ: Princeton University Press.

Andresen, Sabine/Heyer, Lea/Lips, Anna/Rusack, Tanja/Schröer, Wolfgang/Thomas, Severine/Wilmes, Johanna (2021): Das Leben von jungen Menschen in der Corona-Pandemie. Gütersloh: Bertelsmann.

Antes, Wolfgang/Gaedicke, Valerie/Schiffers, Birgit (Hrsg.) (2020): Jugendstudie Baden-Württemberg 2020. Die Ergebnisse von 2011 bis 2020 im Vergleich und die Stellungnahme des 13. Landesschülerbeirats. Hohengehren: Schneider.

Autrata, Otger (2013): Was ist eigentlich Partizipation? In: Sozial Extra 37, H. 3-4, S. 16–19.

Bahlke, Steffen/Piepgras, Daniela/Heckemeyer, Karolin/Cachay, Klaus (2007): Soziale Talente im Sport. Eine Studie zur Situation jugendlichen Engagements in Sportvereinen. Schorndorf: Hofmann.

Bandura, Albert (1977): Self-Efficacy: Toward a Unifying Theory of Behavioral Change. In: Psychological Review, H. 84, S. 193–215.

Bandura, Albert (2000): Exercise of Human Agency Through Collective Efficacy. In: Current Directions in Psychological Science 9, H. 3, S. 75–78.

Barber, Benjamin R. (1994): Starke Demokratie. Über die Teilhabe am Politischen. Hamburg: Rotbuch.

Becker, Martin (2019): Die Überforderung der Demokratie durch den Bürger. Überlegungen zum Dilemma einer aktiven Zivilgesellschaft. In: Kronenberg, Volker/Horneber, Jakob (Hrsg.): Die repräsentative Demokratie in Anfechtung und Bewährung. Das „Wir" organisieren. Wiesbaden: Springer VS. S. 101–110.

BMFSFJ (2010): Qualitätsstandards für Beteiligung von Kindern und Jugendlichen. Allgemeine Qualitätsstandards und Empfehlungen für die Praxisfelder Kindertageseinrichtungen, Schule, Kommune, Kinder- und Jugendarbeit und Erzieherische Hilfen. Berlin: Bundesministerium für Familie, Senioren, Frauen und Jugend.

Böckenförde, Ernst-Wolfgang (1976): Staat, Gesellschaft, Freiheit. Studien zur Staatstheorie und zum Verfassungsrecht. Frankfurt am Main: Suhrkamp.

Bühler, Walter/Kanitz, Horst/Siewert, Hans-Jörg (1978): Lokale Freizeitvereine. Entwicklung Aufgaben Tendenzen. Sankt Augustin: Institut für Kommunalwissenschaften.

Bundesjugendkuratorium (2009): Partizipation von Kindern und Jugendlichen. Zwischen Anspruch und Wirklichkeit. Stellungnahme. München.

BUNDJugend (2016): Satzung. Online unter https://www.bundjugend-bw.de/satzung/ (Abfrage 3.4.2022).

BUNDJugend (2017): Antrag zur Neufassung der Aktivenförderungskonzeption. Online unter https://www.bundjugend-bw.de/wp-content/uploads/sites/15/2018/03/mv-2017-antrag-aktivenfoerderung.pdf (Abfrage 3.4.2022).

Burger, Martin/Link, Mirjam/Landskron, Volker/Titze, Jörg (2014): „Ihr bestimmt!". Im Rahmen der „EJW-Denkwerkstatt Zukunft". Online unter www.ejw-denkwerkstatt.de (Abfrage 8.3.2021).

Calmbach, Marc/Flaig, Berthold Bodo/Edwards, James (2020): Wie ticken Jugendliche? 2020. Lebenswelten von Jugendlichen im Alter von 14 bis 17 Jahren in Deutschland. Bonn: Bundeszentrale für politische Bildung.

Coelen, Thomas (2002): Kommunale Jugendbildung. Frankfurt am Main: Peter Lang.

Danz, Simone/Ahlrichs, Rolf (2022): Menschenrechte und Soziale Arbeit. Solidarität und Demokratiefähigkeit als Professionsanforderungen. In: zfmr – Zeitschrift für Menschenrechte, H. 2, i.E.

DBJR (2011): Impulse für eine starke Demokratie, Position 80. Online unter https://www.dbjr.de/artikel/impulse-fuer-eine-starke-demokratie (Abfrage 22.4.2022).

DBJR (2021): Stellungnahme zum 16. Kinder- und Jugendbericht. Online unter https://www.dbjr.de/artikel/zum-16-kinder-und-jugendbericht/ (Abfrage 28.1.2021).

Deinet, Ulrich/Krisch, Richard (2021): Das sozialräumliche Konzept in der Offenen Kinder- und Jugendarbeit. In: Deinet, Ulrich/Sturzenhecker, Benedikt/Schwanenflügel, Larissa von/Schwerthelm, Moritz (Hrsg.): Handbuch Offene Kinder- und Jugendarbeit. 5. Auflage. Wiesbaden: Springer VS. S. 1053–1067.

Deutscher Bundestag (2017): 15. Kinder- und Jugendbericht. Bericht über die Lebenssituation junger Menschen und die Leistungen der Kinder- und Jugendhilfe in Deutschland und Stellungnahme der Bundesregierung. Berlin: Bundesministerium für Familie, Senioren, Frauen und Jugend.

Deutscher Bundestag (2020): 16. Kinder- und Jugendbericht. Bericht über die Lage junger Menschen und die Bestrebungen und Leistungen der Kinder- und Jugendhilfe und Stellungnahme der Bundesregierung. Förderung demokratischer Bildung im Kindes- und Jugendalter. Berlin: Bundesministerium für Familie, Senioren, Frauen und Jugend.

Dewey, John (1916/1947): Democracy and Education. New York: The Macmillan Company.

Dewey, John (2011): Demokratie und Erziehung. Eine Einleitung in die philosophische Pädagogik. Herausgegeben von Jürgen Oelkers. 5. Aufl. Weinheim: Beltz.

Dröge, Kai (2021): Qualitative Interviews am Telefon oder online durchführen. Online unter https://quasus.ph-freiburg.de/qualitative-interviews-am-telefon-oder-online-durchfuehren/ (Abfrage 02.03.2021).

Düx, Wiebken/Prein, Gerald/Sass, Erich/Tully, Claus J. (2009): Kompetenzerwerb im freiwilligen Engagement. Eine empirische Studie zum informellen Lernen im Jugendalter. 2. Aufl. Wiesbaden: Springer VS.

EJW (2009): Rahmenordnung für die Bezirksarbeit des Evangelisches Jugendwerks in Württemberg. Bezirksrahmenordnung. Stuttgart: Evangelisches Jugendwerk in Württemberg.

EJW (2016): Ordnung des Evangelischen Jugendwerks in Württemberg. Stuttgart: Evangelisches Jugendwerk in Württemberg.

EKD (2020): Demokratie, Bildung und Religion: Gesellschaftliche Veränderungen in Freiheit mitgestalten. Impulse für die demokratiebezogene Bildungsarbeit in kirchlichen Handlungsfeldern. Hannover: Evangelische Kirche in Deutschland.

EKD/DBK (2019): Vertrauen in die Demokratie stärken. Ein Gemeinsames Wort der Deutschen Bischofskonferenz und des Rates der Evangelischen Kirche in Deutschland. Bonn, Hannover.

Eßer, Florian/Schär, Clarissa/Schnurr, Stefan/Schröer, Wolfgang (2020): Partizipative Forschung in der Sozialen Arbeit. Teilhabe an der Wissensproduktion unter den Bedingungen sozialer Ungleichheit. In: neue praxis, Sonderheft 16, S. 3–23.

Evangelische Landeskirche in Württemberg (2008): Rahmenordnung für die Bildung von örtlichen Jugendwerken in den Kirchengemeinden. Stuttgart.

Francis, Mark/Lorenzo, Ray (2002): Seven realms of children‘s participation. In: Journal of Environmental Psychology, H. 22, S. 157–169.

Fritz, Fabian/Mielich, Sinah (2020): Die Potentiale der Demokratiebildung in der Corona-Krise. In: FORUM für Kinder- und Jugendarbeit, H. 3, S. 52–55.

Fritz, Fabian/Wohnig, Alexander (2021): Sozialarbeitspolitik als Demokratisierung der Sozialen Arbeit. Demokratiebildung und politische Bildung in der Jugendsozialarbeit. In: dreizehn, H. 26, S. 15–18.

Gadow, Tina/Pluto, Liane (2014): Jugendverbände im Spiegel der Forschung. Forschungsstand auf der Basis empirischer Studien seit 1990. In: Oechler, Melanie/Schmidt, Holger (Hrsg.): Empirie der Kinder- und Jugendverbandsarbeit. Forschungsergebnisse und ihre Relevanz für die Entwicklung von Theorie, Praxis und Forschungsmethodik. Wiesbaden: Springer VS. S. 101–192.

Giesecke, Hermann (1997): Die pädagogische Beziehung. Pädagogische Professionalität und die Emanzipation des Kindes. Weinheim: Juventa.

Grawe, Bernadette (2002): Konferenzkultur im Jugendverband. Studien zu Konsens und Konflikt in der Diözesanversammlung des Bundes der Deutschen Katholischen Jugend (BDKJ) in der Erzdiözese Paderborn. Paderborn: BDKJ.

Gray, Lisa M./Wong-Wylie, Gina/Rempel, Gwen R./Cook, Karen (2020): Expanding Qualitative Research Interviewing Strategies: Zoom Video Communications. In: The Qualitative Report 25, H. 5, S. 1292–1301.

Habermas, Jürgen (1995): Theorie des kommunikativen Handelns. Frankfurt am Main: Suhrkamp.

Habermas, Jürgen (1998): Faktizität und Geltung. Beiträge zur Diskurstheorie des Rechts und des demokratischen Rechtsstaats. Frankfurt am Main: Suhrkamp.

Habermas, Jürgen (2005): Vorpolitische Grundlagen des demokratischen Rechtsstaates. In: Habermas, Jürgen/Ratzinger, Josef/Schuller, Florian (Hrsg.): Dialektik der Säkularisierung. Über Vernunft und Religion. Bonn: Bundeszentrale für politische Bildung. S. 16–37.

Habermas, Jürgen (1961/2015): Strukturwandel der Öffentlichkeit. Untersuchungen zu einer Kategorie der bürgerlichen Gesellschaft. 14. Aufl. Frankfurt am Main: Suhrkamp.

Hart, Roger A. (1992): Children's Participation: From tokenism to citizenship. Florenz: Unicef.

Helfferich, Cornelia (2011): Die Qualität qualitativer Daten. Manual für die Durchführung qualitativer Interviews. 4. Aufl. Wiesbaden: Springer VS.

Hoffmann, Stefan (2019): Partizipation ist schon da! Qualitative Analyse von Partizipationshandeln burundischer Jugendlicher. Norderstedt: Books on Demand.

Hoffmann, Stefan (2021): (un)ordnung darf nicht sein! Selbstwirksamkeit als Lernpunkt für Gemeinwesenarbeit. In: Lutz, Ronald/Steinhaußen, Jan/Kniffki, Johannes (Hrsg.): Covid-19 – Zumutungen an die Soziale Arbeit. Praxisfelder, Herausforderungen und Perspektiven. Weinheim: Juventa. S. 336–346.

Ilg, Wolfgang/Heinzmann, Gottfried/Cares, Mike (Hrsg.) (2015): Jugend zählt! Ergebnisse, Herausforderungen und Perspektiven aus der Statistik 2013 zur Arbeit mit Kindern und Jugendlichen in den Evangelischen Landeskirchen Baden und Württemberg. Stuttgart: buch+musik.

JDAV (2017a): Bundesjugendordnung. Online unter https://www.jdav.de/chameleon/public/cd3d8abe-b232-124c-cba1-2426c1798420/JDAV_Bundesjugendordnung_Darmstadt-2017_29101.pdf (Abfrage 3.4.2022).

JDAV (2017b): Mustersektionsjugendordnung. Online unter https://www.jdav.de/chameleon/public/948303f5-bd80-7212-d2a6-c287a8188c2f/JDAV_Mustersektionsjugendordnung_Darmstadt_2017_29086.pdf (Abfrage 3.4.2022).

JDAV (2019): Landesjugendordnung der Jugend des Deutschen Alpenvereins Landesverband Baden-Württemberg. Online unter https://www.jdav-bw.de/web/content/6833?unique=3f102ccbfa111fac18d08ed80b625f9ca23c1e21&download=true (Abfrage 3.4.2022).

JDAV (2022): „Ausblick - Wo geht die Reise hin?". Online unter https://www.jdav.de/die-jdav/geschichte/jdav-ausblick-wo-geht-die-reise-hin_aid_37527.html (Abfrage 03.04.2022).

Knauer, Raingard/Sturzenhecker, Benedikt (2005): Partizipation im Jugendalter. In: Hafeneger, Benno/Jansen, Mechtild M./Niebling, Torsten (Hrsg.): Kinder- und Jugendpartizipation. Im Spannungsfeld von Interessen und Akteuren. Leverkusen: Barbara Budrich. S. 63–94.

Lange, Mirja/Wehmeyer, Karin (2014): Jugendarbeit im Takt einer beschleunigten Gesellschaft. Veränderte Bedingungen des Heranwachsens als Herausforderung. Weinheim: Juventa.

Lösch, Bettina/Thimmel, Andreas (Hrsg.) (2011): Kritische politische Bildung. Ein Handbuch. 2. Aufl. Schwalbach/Ts.: Wochenschau.

Lutz, Ronald/Steinhaußen, Jan/Kniffki, Johannes (Hrsg.) (2021): Covid-19 – Zumutungen an die Soziale Arbeit. Praxisfelder, Herausforderungen und Perspektiven. Weinheim: Juventa.

Maykus, Stephan (2017): Kommunale Sozialpädagogik. Theorie einer Pädagogik des Sozialen in der Stadtgesellschaft. Weinheim: Juventa.

Mayring, Philipp (2017): Qualitative Inhaltsanalyse. In: Flick, Uwe/Kardorff, Ernst von/Steinke, Ines (Hrsg.): Qualitative Forschung – ein Handbuch. Reinbek: Rowohlt. S. 468–475.

Münch, Ursula (2019): Demokratie in Zeiten entpolitisierter Diskurse. In: Kronenberg, Volker/Horneber, Jakob (Hrsg.): Die repräsentative Demokratie in Anfechtung und Bewährung. Das „Wir" organisieren. Wiesbaden: Springer VS. S. 91-99.

Münder, Johannes/Meyen, Thomas/Trenczek, Thomas (Hrsg.) (2013): Frankfurter Kommentar zum SGB VIII. Kinder- und Jugendhilfe. 7. Aufl. Baden-Baden: Nomos.

Nagel, Siegfried (1998): Partizipation Jugendlicher im Sportverein. Pädagogische Überlegungen als Grundlage einer empirischen Untersuchung an 226 Vereinsjugendlichen. In: Sportwissenschaft 28, H. 2, S. 178–194.

Negt, Oskar (2016): Der politische Mensch. Demokratie als Lebensform. Göttingen: Steidl.

Neubert, Stefan (2012): John Dewey. Erziehung zur Demokratie. In: Dollinger, Bernd (Hrsg.): Klassiker der Pädagogik. Die Bildung der modernen Gesellschaft. 3. Aufl. Wiesbaden: Springer VS. S. 221–246.

Oechler, Melanie/Schmidt, Holger (Hrsg.) (2014): Empirie der Kinder- und Jugendverbandsarbeit. Forschungsergebnisse und ihre Relevanz für die Entwicklung von Theorie, Praxis und Forschungsmethodik. Wiesbaden: Springer VS.

Peters, Lutz/Mohr, Elisabeth/Coelen, Thomas (1998): Forschungsprojekt „Nix los in Horn!?“. Pädagogik und kommunale Öffentlichkeit. Eine Feldstudie zur gemeinwesenbezogenen Bildungsarbeit. Abschlussbericht. Hamburg.

Rauschenbach, Thomas/Borrmann, S./Düx, W./Liebig, R./Pothmann, J./Züchner, I. (2010): Lage und Zukunft der Kinder- und Jugendarbeit in Baden-Württemberg. Eine Expertise. Stuttgart: Landeszentrale für Politische Bildung Baden-Württemberg.

Ravens-Sieberer, Ulrike/Kaman, Anne/Otto, Christiane/Adedeji, Adekunle/Devine, Janine/Erhart, Michael/Napp, Ann-Kathrin/Becker, Marcia/Blanck-Stellmacher, Ulrike/Löffler, Constanze/Schlack, Robert F./Hurrelmann, Klaus (2021): Psychische Gesundheit und Lebensqualität von Kindern und Jugendlichen während der COVID-19-Pandemie. In: Dohmen, Dieter/Hurrelmann, Klaus (Hrsg.): Generation Corona? Wie Jugendliche durch die Pandemie benachteiligt werden. Weinheim: Juventa. S. 248–260.

Richter, Elisabeth (2020): Handlungspausenforschung im Prozess. Partizipative Forschung am Beispiel des Forschungsprojekts »Demokratiebildung in Kindertageseinrichtungen«. In: neue praxis, Sonderheft 17, S. 63–75.

Richter, Elisabeth/Lehmann, Teresa/Sturzenhecker, Benedikt (2017): So machen Kitas Demokratiebildung. Empirische Erkenntnisse zur Umsetzung des Konzepts „Die Kinderstube der Demokratie“. Weinheim: Juventa.

Richter, Elisabeth/Richter, Helmut/Sturzenhecker, Benedikt/Lehmann, Teresa/Schwerthelm, Moritz (2016): Bildung zur Demokratie. Operationalisierung des Demokratiebegriffs für pädagogische Institutionen. In: Knauer, Raingard/Sturzenhecker, Benedikt (Hrsg.): Demokratische Partizipation von Kindern. Weinheim: Juventa. S. 106–129.

Richter, Helmut (2016): Pädagogik des Sozialen – Bildungsbündnis in Demokratiebildung. In: Widersprüche 36, H. 4, S. 47–59.

Richter, Helmut (2019): Sozialpädagogik – Pädagogik des Sozialen. Grundlegungen, Institutionen und Perspektiven der Jugendbildung. 2. Aufl. Wiesbaden: Springer VS.

Richter, Helmut (2022): Sozialpädagogik in Geschichte und Gegenwart. Demokratiebildung aus historischer und systematischer Perspektive. Baden-Baden: Nomos.

Richter, Helmut/Coelen, Thomas/Mohr, Elisabeth/Peters, Lutz (2003): Handlungspausenforschung – Sozialforschung als Bildungsprozess. Aus der Not der Reflexion eine Tugend machen. In: Otto, Hans-Uwe/Oelerich, Gertrud/Micheel, Hein-Günter (Hrsg.): Empirische Forschung und soziale Arbeit. Ein Lehr- und Arbeitsbuch. München: Luchterhand. S. 45–63.

Riekmann, Wibke (2011): Demokratie und Verein. Potenziale demokratischer Bildung in der Jugendarbeit. Wiesbaden: Springer VS.

Riekmann, Wibke (2020): Vereine und Verbände – das demokratische Potenzial ländlicher Regionen. In: Faulde, Joachim/Grünhäuser, Florian/Schulte-Döinghaus, Sarah (Hrsg.): Jugendarbeit in ländlichen Regionen. Regionalentwicklung als Chance für ein neues Profil. Weinheim: Beltz Juventa. S. 88–97.

Rosa, Hartmut (2020): Resonanz. Eine Soziologie der Weltbeziehung. 4. Aufl. Berlin: Suhrkamp.

Scherr, Albert (2004): Rückzugsräume und Grenzüberschreitungen. In: Deinet, Ulrich/Reutlinger, Christian (Hrsg.): „Aneignung“ als Bildungskonzept der Sozialpädagogik. Beiträge zur Pädagogik des Kindes- und Jugendalters in Zeiten entgrenzter Lernorte. Wiesbaden: Springer VS. S. 161–174.

Schnurr, Stefan (2015): Partizipation. In: Otto, Hans-Uwe/Thiersch, Hans (Hrsg.): Handbuch Soziale Arbeit. Grundlagen der Sozialarbeit und Sozialpädagogik. 5. Aufl. München: Ernst Reinhardt. S. 1171–1180.

Schröder, Achim (2021): Beziehungsarbeit. In: Deinet, Ulrich/Sturzenhecker, Benedikt/Schwanenflügel, Larissa von/Schwerthelm, Moritz (Hrsg.): Handbuch Offene Kinder- und Jugendarbeit. 5. Aufl. Wiesbaden: Springer VS. S. 1155–1160.

Schwarzer, Ralf/Jerusalem, Matthias (2002): Das Konzept der Selbstwirksamkeit. In: Jerusalem, Matthias/Hopf, Dieter (Hrsg.): Selbstwirksamkeit und Motivationsprozesse in Bildungsinstitutionen. Weinheim: Beltz. S. 28–53.

Stangl, Werner (2022): Selbstwirksamkeit. Online Lexikon für Psychologie und Pädagogik. Online unter https://lexikon.stangl.eu/1535/selbstwirksamkeit-selbstwirksamkeitserwartung/ (Abfrage 07.02.2022).

Steenkamp, Daniela (2019): Soziale Arbeit und Demokratieförderung. In: Köttig, Michaela/Röh, Dieter (Hrsg.): Soziale Arbeit in der Demokratie – Demokratieförderung in der Sozialen Arbeit. Theoretische Analysen, gesellschaftliche Herausforderungen und Reflexionen zur Demokratieförderung und Partizipation. Opladen: Barbara Budrich. S. 259–270.

Stövesand, Sabine/Stoik, Christoph (2013): Gemeinwesenarbeit als Konzept Sozialer Arbeit – Eine Einleitung. In: Stövesand, Sabine/Stoik, Christoph/Troxler, Ueli (Hrsg.): Handbuch Gemeinwesenarbeit. Opladen: Barbara Budrich. S. 14–36.

Straßburger, Gaby/Rieger, Judith (Hrsg.) (2014): Partizipation kompakt. Für Studium, Lehre und Praxis sozialer Berufe. Weinheim: Juventa.

Sturzenhecker, Benedikt (2007): „Wir werden ernst genommen“ – Partizipation in Jugendvertretungen im Nordelbischen Jugendwerk. Interpretation von drei Gruppendiskussionen. In: Corsa, Mike (Hrsg.): Praxisentwicklung im Jugendverband. Projekte – Prozesse – Module. Opladen: Barbara Budrich. S. 139–162.

Sturzenhecker, Benedikt (2014): Anspruch, Potential und Realität von Demokratiebildung in der Jugendverbandsarbeit. In: Oechler, Melanie/Schmidt, Holger (Hrsg.): Empirie der Kinder- und Jugendverbandsarbeit. Forschungsergebnisse und ihre Relevanz für die Entwicklung von Theorie, Praxis und Forschungsmethodik. Wiesbaden: Springer VS. S. 225–236.

Sturzenhecker, Benedikt (2016): Gesellschaftliches Engagement von Benachteiligten fördern – Band 1. Konzeptionelle Grundlagen für die Offene Kinder- und Jugendarbeit. Unter Mitarbeit von Moritz Schwerthelm. 2. Aufl. Gütersloh: Bertelsmann.

Sturzenhecker, Benedikt/Richter, Elisabeth (2012): Die Kinder- und Jugendarbeit. In: Thole, Werner (Hrsg.): Grundriss Soziale Arbeit. Ein einführendes Handbuch. 4. Aufl. Wiesbaden: Springer VS. S. 469–475.

Sturzenhecker, Benedikt/Richter, Helmut (2011): Demokratiebildung am Ende? In: deutsche jugend, H. 2, S. 61–66.

Tocqueville, Alexis de (Hrsg.) (1835/2016): Über die Demokratie in Amerika. Stuttgart: Reclam.

Weber, Florian (2012): Selbstbestimmung durch Teilhabe. In: Lembcke, Oliver/Ritzi, Claudia/Schaal, Gary S. (Hrsg.): Zeitgenössische Demokratietheorie. Wiesbaden: Springer VS. S. 223–254.

Wesche, Tilo/Rosa, Hartmut (2018): Die demokratische Differenz zwischen besitzindividualistischen und kommunitären Eingentumsgesellschaften. In: Berliner Journal für Soziologie, H. 28, S. 237–261.

Wiesner, Reinhard (2011): SGB VIII. Kommentar zum Kinder- und Jugendhilfegesetz. 4. Aufl. München: Beck.

Winkler, Michael (2004): Aneignung und Sozialpädagogik. In: Deinet, Ulrich/Reutlinger, Christian (Hrsg.): „Aneignung" als Bildungskonzept der Sozialpädagogik. Beiträge zur Pädagogik des Kindes- und Jugendalters in Zeiten entgrenzter Lernorte. Wiesbaden: Springer VS. S. 71–92.

Zick, Andreas/Küpper, Beate/Achour, Sabine (Hrsg.) (2021): Die geforderte Mitte. Rechtsextreme und demokratiegefährdende Einstellungen in Deutschland 2020/21. Bonn: Dietz.